CAUER

Supervision in Organisationen

Kurt Buchinger

Den Wandel begleiten

1997

Über alle Rechte der deutschen Ausgabe verfügt Carl-Auer-Systeme
Verlag und Verlagsbuchhandlung GmbH Heidelberg
Fotomechanische Wiedergabe nur mit Genehmigung des Verlages
DTP-Management: Peter W. Gester
Satz: Paul Richardson
Printed in Germany 1997
Gesamtherstellung: Kösel Druck, Kempten

Erste Auflage, 1997

Die Deutsche Bibliothek - CIP-Einheitsaufnahme

Supervision in Organisationen : Den Wandel begleiten / Kurt Buchinger.
- 1. Aufl. - Heidelberg :
Carl-Auer-Systeme, Verl. und Verl.-Buchh., 1997
    ISBN 3-89670-002-2
NE: Buchinger, Kurt

Inhalt

Vorwort

Ohne zunächst zu wissen, wie mir geschah, bin ich seit ca. 20 Jahren dabei, Supervision in Organisationen mehr für mich zu entdecken und zu entwickeln als auszuüben: ein Lernprozeß, der viel Spaß macht, weil er mir immer noch gestattet, durch Versuch und Irrtum kleine Schritte in einem interessanten Arbeitsfeld zu tun, das sich zuerst langsam, dann immer schneller entfaltet hat. Seine heutige Aktualität ist nicht zu übersehen. Wie es sich in diesem Feld gehört, habe ich immer wieder innegehalten, um mir anzusehen, wo ich hineingeraten bin, und um zu überlegen, was in meiner Arbeit vor sich geht. Ich wollte auch besser verstehen – aus meiner Rolle als Organisationsberater ebenso wie aus der davon sehr verschiedenen des Psychotherapeuten –, was die wachsende Aktualität dieser Beratungsmethode für Organisationen ausmacht. Daraus sind eine Reihe von Arbeiten entstanden. Meistens Fallberichte, in denen ich versucht habe, darzustellen, wie die Eigendynamik von Organisationen in der Supervision wahrnehmbar wird und welcher Fähigkeiten es bedarf, um ihr supervisorisch gerecht zu werden.

Einige der Arbeiten sind im Rahmen eines von der Österreichischen Nationalbank in den Jahren 1987–1990 geförderten Forschungsprojekts mit dem Titel „Teamcoaching – Supervision in Organisationen" entstanden. Der Forschungsbericht selbst ist nicht veröffentlicht worden. Teile davon sind als Beiträge in verschiedenen Zeitschriften und Büchern mehr versteckt als veröffentlicht. Die Aktualität des Themas läßt es gerechtfertigt erscheinen, auf einige dieser Arbeiten zurückzugreifen und ihnen ihren inneren Zusammenhang in einem umfassenderen Kontext zu geben.

Dieser innere Zusammenhang läßt sich aus den Veränderungen ablesen, denen moderne Organisationen unterworfen sind. Es handelt sich um Veränderungen, die sich zu Beginn meiner Arbeit an diesem Thema erst angedeutet hatten, inzwischen mit einer Radikalität manifest geworden sind, die vieles von unserem Verständnis dessen, was Organisationen handlungsfähig macht, revolutionieren. In diesem Zusammenhang werde ich den Fragen nachgehen, welchen Stellenwert Supervision in Organisationen heute hat, was ihre Aufgaben sind und worauf man besser achtet, wenn man Supervisionen in Organisationen durchführt.

Manchmal wird die Frage gestellt, ob sich eine Publikation eher an Praktiker und deren berufliche Tätigkeit wendet oder ob sie um eine theoretische Grundlegung des befragten Gebiets bemüht ist. Ich kann dieser Alternative für mein Thema wenig abgewinnen. Denn was wären das für theoretische Überlegungen, die nicht der Praxis dienen sollten? Und was wäre das, gerade in der Supervision, für eine Praxis, die nicht ausdrücklich um ein theoretisches Selbstverständnis bemüht wäre? Beziehungsweise: was wäre das für eine Beschreibung und Analyse der Praxis, in der nicht theoretische Aspekte beleuchtet und immer weiter entwickelt werden, im Dienste weiterer Praxis?

Ich möchte allen danken, die mir das Zustandekommen dieser Arbeit ermöglicht haben. Im besonderen denke ich an meine jüngsten Kinder Jakob (9 Jahre), Tobias (7 Jahre) und Betti (5 Jahre), die mir durch ihre beharrlichen Unterbrechungen ein sehr unmittelbares Bewußtsein der Kontingenz meiner Tätigkeit vermittelten, indem sie mir in Erinnerung gerufen haben, daß Schreiben nur eine der möglichen Arten von Leben ist.

Kurt Buchinger
Weidling, Sommer 1996

1. Wir arbeiten in Organisationen und nehmen sie nicht wahr

Mit dem Beginn der Industrialisierung hat ein Prozeß eingesetzt, in dessen Verlauf die Arbeit zum wichtigsten, wenn nicht zum einzigen Maßstab für den Wert des Menschen geworden ist. Einstmals gesellschaftlich wenig geschätzte Tätigkeit von Sklaven und Leibeigenen, zeichnet sie nun den freien Menschen aus. Will man wissen, wer jemand ist, fragt man nach seiner Arbeit.

In diesem Prozeß hat die Systematisierung der Arbeitsteilung zur Professionalisierung von immer mehr Tätigkeiten und somit zur Entwicklung von Berufen geführt. Arbeit ist berufliche Arbeit geworden. Will man wissen, wer jemand ist, fragt man nach seinem Beruf.

Dort, wo man in Ausübung seines Berufs mit anderen Menschen zu tun hat, tritt zur Arbeit, die man leisten soll, die Gestaltung der Arbeitsbeziehungen als Aufgabe hinzu, die traditionellerweise nicht selbst als berufliche Arbeit angesehen wurde. Man kann vermuten, daß die Arbeitsbeziehungen als solche vorwiegend dort Aufmerksamkeit erregt haben und vorübergehend Gegenstand eigener Überlegungen und Maßnahmen geworden sind, wo sie die Ausübung der Arbeit behindern (Wie begegne ich einem lästigen Patienten, aufsässigen Schüler, faulen Mitarbeiter usw.?).

In diesem Jahrhundert hat die Professionalisierungstendenz auch die Arbeitsbeziehungen und die Fähigkeit, sie zu gestalten, erfaßt. Es sind zunehmend Berufe entstanden und weiter im Entstehen, deren Arbeitsinhalt und Gegenstand die Beziehung zu anderen ist und deren zentrale professionelle Fertigkeit in der Gestaltung von Beziehungen liegt. Sozialarbeit, viele Psychotherapien, Methoden der Beratung gehören hierher (auch die Supervision). In anderen Berufen hat die professionelle Gestaltung der Arbeitsbeziehungen längst begonnen, eine immer größere Rolle zu spielen

(Lehrer, Ärzte, Manager usw. bilden sich diesbezüglich immer häufiger aus). Die Gründe für diese Entwicklung werden uns noch im zweiten Kapitel beschäftigen.

Nun halten Arbeitsbeziehungen für den, der seine Aufmerksamkeit in der Arbeit auf sie lenkt, eine Besonderheit bereit. Sie sind Gegenstand seiner Beobachtung und Steuerung, und sie enthalten ihn selbst als Teil. Das macht die Gestaltung von Arbeitsbeziehungen zu einem so anspruchsvollen selbstreflexiven Geschäft, in welchem man immer Gefahr läuft, entweder nur draußen oder nur drinnen zu sein: nur Beobachter zu werden, der dann versucht, auf sein Gegenüber einzuwirken anstatt auf die Beziehung; oder nur Teil der Beziehung zu sein und zu handeln, ohne sie zu beobachten. Die hier geforderte Balance von Teil-Sein und Beobachten ist selbst etwas, das nach Professionalisierung verlangt. Eine solche ist weder durch theoretische Reflexion noch allein durch übende Praxis möglich, sie muß vielmehr in einem geleiteten Reflexionsprozeß dieser Praxis erworben, erhalten, vertieft oder wiederhergestellt werden. Dieser Sachverhalt stellt die Geburtsstunde der Supervision als ihrerseits professioneller Tätigkeit dar (für die das Gesagte ebenfalls gilt).

Wenn Supervision eine Methode der Selbstreflexion von Arbeitsbeziehungen zum Zwecke von deren sinnvoller Gestaltung darstellt, was macht es dann für einen Unterschied aus, ob sie in oder außerhalb von Organisationen durchgeführt wird? Arbeitsbeziehung bleibt Arbeitsbeziehung, so könnte man meinen. Professionalität ihrer Gestaltung setzt soziale Kompetenz voraus, in oder außerhalb von Organisationen.

Die Erhöhung des Wertes der Arbeit hat im Zusammenhang mit der Industrialisierung und dem gesellschaftlichen Primat wirtschaftlicher Produktivität zu einer vermehrten Entwicklung immer größerer Organisationen geführt. Ihre Bedeutung hat für das Leben der Menschen enorm zugenommen. Waren vor 100 Jahren noch erheblich mehr Menschen beruflich selbständig oder haben ihre Arbeit mehr in kleineren korporativen Einheiten verrichtet als in größeren Organisationen, so verhält es sich heute umgekehrt. Unter diesen Umständen ist zu erwarten, daß Organisationen einen tiefgehenden Einfluß auf die Personen ausüben, die in ihnen tätig sind.

Es kann nicht ohne Auswirkung auf die Persönlichkeitsstruktur bleiben, wenn man fünfmal in der Woche oder öfter acht bis zwölf Stunden am Tag in einer Organisation verbringt, und dies ca. 40 Jahre lang 45 Wochen pro Jahr. Noch dazu ist es gerade diese Zeit, aus der man einen Großteil seines Selbstwertgefühls und seiner persönlichen Identität gewinnt. Wenn man sich darüber hinaus vor Augen führt, daß die Kommunikationsprozesse, durch welche sich eine Organisation am Leben erhält, mitten durch die psychosoziale und psychosomatische Integrität der Person gehen, dann wird man die Dimension jenes Einflusses erahnen. Will man heute wissen, wer jemand ist, so fragt man, welche Position er bekleidet in der Organisation, der er „angehört".[1]

Nicht nur haben Organisationen einen vielfach unterschätzten Einfluß auf die Prägung der Persönlichkeit, auch die Dynamik von supervisionsfähigen Arbeitsbeziehungen bleibt unverständlich ohne Beachtung der Prägung, die sie durch die Organisation erfährt, in der sie stattfindet.

Doch mit der Wahrnehmung dieses Einflusses, der das vorliegende Buch dienen will, hat es generell seine Schwierigkeiten, die im Fall der Supervision noch ihre Verstärkung erfahren. Denn wenn Supervision ursprünglich mit der Analyse und Reflexion von Arbeits*beziehungen* zu tun hat, so ist es aus mehreren Gründen naheliegend, daß hauptsächlich, wenn nicht ausschließlich, der Beziehungsaspekt in seiner Eigendynamik besondere Aufmerksamkeit erhält, sozusagen gebrochen durch die Eigendynamik der jeweiligen Anforderungen des Berufs, dessen Ausübung supervidiert wird. Professionelle Ausbildung zum Supervisor, deren Schwerpunkt oft auf jenem Aspekt liegt, kann das Ihre zur Verstärkung der ohnehin verbreiteten Organisationsblindheit beitragen.

1.1 Einige supervisionsrelevante Eigenheiten von Organisationen

Um die Schwierigkeiten, mit denen Supervision in Organisationen zu tun hat, besser zu verstehen, will ich ein paar Momente hervorheben, welche uns behindern, Organisationen als soziale Systeme mit einer ausgeprägten Eigendynamik wahrzunehmen – einer Eigendynamik, die es nicht gestattet, sie aus der Dynamik psychischer Prozesse oder aus der Dynamik menschlicher Interaktion abzuleiten, wie wir sie aus familialen Systemen kennen. Ich will mich da-

1 vergleiche dazu Heintel (1988)

bei auf jene Momente beschränken, die mir in meiner Arbeit als Berater und Supervisor in Organisationen immer wieder als Hindernis begegnen.

Das häufigste und weitreichendste Mißverständnis, das viele praktische Arbeitsschwierigkeiten zur Folge hat, besteht in der Verwechslung von Organisationen mit Gruppen bzw. familialen Systemen (Buchinger 1991a). Die Eigendynamik von Organisationen wird aber nur in scharfer Abgrenzung von familialen Systemen sichtbar und verständlich. Der Unterschied zwischen beiden soll daher hier beleuchtet werden. Zu diesem Zweck seien drei unterscheidende Charakteristika von Organisationen hervorgehoben:

1 Moderne Organisationen sind primär an der Erfüllung von Funktionen orientiert, nicht an Personen und ihren Beziehungen. Man kann den Sinn einer Organisation, ihre Zielsetzungen, ihren Aufbau, ihre Struktur, die organisationsinternen Abläufe, Vernetzungen, Widersprüche ausreichend beschreiben, ohne dabei auf Menschen Bezug nehmen zu müssen.

Menschen gehören, wie Luhmann (1984) es konsequent und in aller Schärfe formuliert, zur Umwelt von Organisationen. Das heißt nicht, daß Organisationen ohne Menschen denkbar wären. Das ist ebensowenig möglich, wie irgend ein soziales System ohne seine relevanten Umwelten denkbar ist. Bloß, diese Umwelten sind als solche nicht Teil des Systems und seiner spezifischen Dynamik. Das sagt nichts aus über den Einfluß, den beide, System und Umwelt, aufeinander haben. Dieser Einfluß kann sogar erheblich sein. Organisationen können, wie unsere Fallbeispiele noch zeigen werden, die Persönlichkeit von Menschen entwickeln helfen, ebenso, wie sie diese bis zu seelischen Deformationen und psychosomatischen Krankheiten zu beeinträchtigen vermögen.

Nicht nur Personen, sondern auch Familien gehören zu den Umwelten von Organisationen, und wie wir alle als berufstätige Menschen wissen und es gerne verleugnen, wo wir selbst davon betroffen sind, ist der Einfluß der Organisation auf diese Umwelt enorm: Wir nehmen das als Supervisoren und Berater lieber projektiv bei unseren Klienten wahr, insbesondere wenn es sich um gestreßte Führungskräfte handelt, deren Familien emotionale Restgrößen geworden sind.

(Die relevanten Umwelten finden ab einer bestimmten Komplexität der Vernetzung von Organisation und Umwelt ihren institutionellen Niederschlag innerhalb der Organisation, der dazu beitragen soll, sowohl der Eigenständigkeit dieser Umwelt gerecht zu werden, als auch den Einfluß der Umwelt auf die Organisation zu steuern. So werden z.B. in größeren Organisationen zu diesem Zweck eigene Abteilungen für Personalwesen eingerichtet.)

Etwas praxisbezogener formuliert, bedeutet der genannte Sachverhalt, daß in Organisationen zwar die Menschen ersetzbar sind bzw. sein müssen, nicht aber die Funktionen, die sie erfüllen sollen. Wenn man einen Mitarbeiter für eine bestimmte Position sucht, dann besteht das dominante Auswahlkriterium in seiner Brauchbarkeit für die in Frage stehende Funktion. Er kann noch so sympathisch und menschlich wertvoll erscheinen, wenn er die nötige Qualifikation nicht mitbringt oder in vorgesehener Zeit erwirbt, so wird er nicht aufgenommen, oder er wird ersetzt. Eine Organisation, in der nicht jede einzelne Person als Funktionsträger ersetzbar wäre durch eine andere Person, hätte etwas falsch gemacht. Im Extremfall müßte sie sich mit der Pensionierung oder dem sonstigen Ausscheiden ihrer Mitarbeiter auflösen. Gerade wegen dieser notwendigen, relativen Personenunabhängigkeit ist es für Organisationen wichtig, sich rechtzeitig nach den rechten Personen umzusehen, das heißt z.B. auf Nachwuchsförderung zu achten.

2. Als soziale Systeme sind Organisationen weiters dadurch charakterisiert, daß ihre internen Prozesse aus Kommunikationen bestehen, deren Sinn darin liegt, Tätigkeiten und Informationen soweit miteinander zu vernetzen, als es für die Lösung der anstehenden Aufgaben nötig ist. Die Menschen tauschen sich in Organisationen nicht deshalb miteinander aus, weil es so schön ist, miteinander in Beziehung zu treten. Der Kontakt ist der Sachaufgabe untergeordnet, hat ihr zu dienen. Man kann dies als *sekundäre Kommunikation* bezeichnen (Lindner 1974).

Organisationen werden sich daher sinnvollerweise in der Gestaltung ihrer kommunikativen Strukturen nicht so sehr an den menschlichen Bedürfnissen ihrer Mitarbeiter nach Kontakt orientieren als vielmehr an den Erfordernissen der zu bewältigenden Sachaufgaben. So wird man z.B. dort, wo Aufgaben in Einzelarbeit erledigt werden können, keine Teams einrichten. Dort, wo Einzelarbeit temporär der gemeinsamen Reflexion bedarf, wird man Raum für beides geben. Und wo Arbeiten effizienter im Team durchzuführen sind, wird man entsprechende kommunikative Voraussetzungen schaffen müssen.

3. Eine weitere Besonderheit der Kommunikation in Organisationen, eine geniale Erfindung hierarchischer Systeme, besteht darin, daß man zur Erfüllung beruflicher Aufgaben dort, wo es nötig ist, miteinander kommunizieren kann, ohne persönlich miteinander in Kontakt treten zu müssen. Man kann arbeitsbezogen kommunizieren, ohne sich der Unwahrscheinlichkeit gelingender Kommunikation zwischen Personen aussetzen zu müssen. Die Organisation macht das möglich durch die Entwicklung von Systemen *indirekter Kommunikation*. Das heißt z.b. Kommunikation per Anweisung, per Delegation, aber auch per Stellenbeschreibung bzw. Kompetenz- und Pouvoirabgrenzung usw. Der Idee nach ist damit die Kommunikation reibungslos garantiert, weil sie dem Belieben und der Kommunikationsfähigkeit bzw. -willigkeit oder Kommunikationsunfähigkeit bzw. -unwilligkeit sowohl der einzelnen Funktionsträger als auch der einzelnen Organisationseinheiten entzogen bleibt.

Soweit Menschen allerdings Träger arbeitsbezogener Kommunikation sind, unterliegt diese dennoch der Eigendynamik menschlicher Kommunikationsprozesse, die nicht von der Emotionalität menschlicher Beziehungen loszulösen ist. In Organisationen wird häufig zu wenig darauf geachtet, daß die innerbetriebliche Kommunikation als Transportmittel organisatorischer Funktionalität intakt bleiben muß und daß sie daher der Pflege ihrer Eigendynamik als menschliche Kommunikation bedarf, welche ihrerseits nicht auf die Funktionalität zu reduzieren ist. Gerade der Funktionalität wegen muß man auf den Eigensinn kommunikativer Prozesse achten.

Die Aufmerksamkeit von Supervisoren ist ihrerseits häufig zu einseitig auf diesen Eigensinn konzentriert, während der Aspekt der organisatorischen Funktionalität der Kommunikation vernachlässigt wird.

In Gruppen bzw. familialen Systemen verhält es sich in bezug auf die genannten Kriterien gerade umgekehrt wie in Organisationen:

1. Sind in Organisationen die Personen austauschbar, nicht aber die Funktionen, so sind *familiale Systeme dadurch charakterisiert, daß die Personen nicht so leicht austauschbar sind, wohl aber die Funktionen, die sie erfüllen.* Wenn die Kinder nicht den Vorstellungen der Eltern entsprechen, so werden diese nicht zu einem mitarbeiterorientierten Arbeitsgespräch zusammenkommen, um die Entlassung der Kin-

der vorzubereiten, und eine Personalvermittlungsagentur unter Vorgabe bestimmter Kriterien mit der Suche nach geeigneteren Kindern zu beauftragen. Wenn man am Zusammenleben mit einem Partner interessiert ist, wird man solange und immer wieder an der Verteilung und Umverteilung der beziehungserhaltenden Funktionen arbeiten, bis man der Überzeugung ist, daß das Zusammenleben dadurch möglichst wenig behindert wird.

2. In familialen Systemen dient die Kommunikation primär der Aufrechterhaltung der Beziehung. Sie ist also Selbstzweck, auch wenn es dabei um die Erfüllung anderer Aufgaben geht. Daher ist es in diesen Systemen über weite Strecken egal, über welche Inhalte man kommuniziert, Hauptsache man tut es. Man kann das als *primäre Kommunikation* bezeichnen.

3. Diese wiederum läßt sich, zumindest auf Dauer, nicht auf indirekte Kommunikation beschränken. Briefeschreiben und Telefonieren dienen in familialen Systemen im Regelfall eher der Überbrückung von vorübergehenden Trennungen. Familiale Systeme sind im Alltag normalerweise durch Face-to-face-Kommunikation charakterisiert, sie reproduzieren sich vorwiegend durch *direkte Kommunikation*.

Dadurch wird die Reichweite der Kommunikation im Vergleich zu jener der Organisationen drastisch beschränkt. Familiale Systeme können daher nicht soviel Menschen beherbergen wie Organisationen und sind auch sonst auf sinnlich wahrnehmbare Zusammenhänge angewiesen.

Nun begegnet man vielfältigen Tendenzen, familiale Systeme und Organisationen miteinander zu verwechseln, die Charakteristika des einen Systems auf das andere zu übertragen.

Mit der eingangs erwähnten Zunahme der Bedeutung, welche das Arbeitsleben und die Organisationen, in denen es stattfindet, für die Identität der menschlichen Individuen haben, läßt sich einerseits die Neigung beobachten, familiale Systeme nach dem Muster, wenn nicht gar unter der Dominanz der Funktionsprinzipien von Organisationen zu gestalten. Wenn sich Freundschaften und Partnerschaften nicht auf gemeinsame Arbeit beschränken, so werden sie oft hinsichtlich ihrer Funktionalität für diese gepflegt. Die für Partnerschaften und Freundschaften charakteristische primäre weicht häufig der dominanter werdenden sekundären Kommunikation. Auch was die Austauschbarkeit von Personen betrifft, muten wir uns in familialen Systemen immer mehr zu.

Häufiger und für unseren Zusammenhang wichtiger als die gelegentliche Verwechslung von familialen Systemen mit Organisationen, ist die umgekehrte Verwechslung: der Mythos von der Organisation als großer Familie. Wir wollen uns daher etwas ausführlicher der Frage zuwenden, wie es kommt, daß Organisationen sich häufig so präsentieren, als wären sie Familien, und wie es kommt, daß wir uns in Organisationen gerne so verhalten, als würden wir uns in familialen Systemen befinden.

1.2 Schwierigkeiten, organisatorische Sachverhalte zu erkennen

1.2.1 Die Abstraktheit organisatorischer Sachverhalte

Organisationen sind unserer Wahrnehmung und unserem Erleben nicht unmittelbar zugänglich. Erst in ihren Auswirkungen, die sie unter anderem im Verhalten und Erleben ihrer Mitglieder und in den Arbeitsbeziehungen zwischen ihnen oder zwischen einzelnen Organisationseinheiten zeitigen, nehmen wir sie wahr. Wir müssen ihre Eigenart mühsam aus diesen Auswirkungen erschließen, und wir sind dazu nur in der Lage, wenn wir über entsprechende theoretische Vorstellungen von Organisation verfügen. Es bedarf eines auf Abstraktion beruhenden, auch theoretisch geleiteten Verständnisses nicht sichtbarer, nicht fühlbarer Sachverhalte.

Das Problem liegt aber nicht allein in der erforderlichen Abstraktionsleistung. Wir haben schließlich auch keinen unmittelbaren emotionellen Zugang zu Rechenvorgängen und schaffen es meistens dennoch, die entsprechenden Theorien und das entsprechende Verständnis zu erwerben, die uns korrekt rechnen lassen. Ähnlich in anderen technischen Belangen. Der Unterschied derart praktisch wirksamer Abstraktionsleistungen zu denjenigen, welche das Verständnis organisatorischer Prozesse bestimmen, ist allerdings ein gravierender. *In Organisationen bezieht sich der Abstraktionsvorgang auf emotionell besetzte psychische und soziale Prozesse.*

Die indirekte Kommunikation hat es zwar ermöglicht, die Vernetzung der arbeitsbezogenen Abläufe relativ unabhängig von der Emotionalität und Erlebnislage von Personen zu besorgen, dennoch bleiben Personen in diese Prozesse involviert und erleben die Auswirkungen der Kommunikation nach wie vor persönlich und emotionell. Sie neigen daher dazu, diese nach Kategorien der direkten Kommunikation mißzuverstehen. Die Steuerung sozialer Prozesse in Organisationen wird daher häufig etwas kurzschlüssig z.B. auf Menschenführung reduziert. Es wird dabei unterschlagen, daß es auch um Kenntnis und Fähigkeit der Vermittlung organisationsstruktureller Bedingungen von Kommunikation mit den persönlichen und interaktionellen Erlebnissen geht.

Außerdem sind wir den psychischen und sozialen Phänomenen, die wir in Organisationen erleben, schon längst außerhalb der Organisationen in familialen Kontexten begegnet, bevor wir sie in Organisationen wiederfinden. Wir haben wissenschaftliche Theorien entwickelt, in denen kein Wissen über Organisationen nötig ist, um jene Phänomene zu verstehen (Psychologie der Persönlichkeit und Theorien menschlicher Interaktion). Ebenso haben wir organisationsunabhängige Instrumente und Techniken entwickelt, die uns helfen, quasiprofessionell mit sozialen und psychischen Phänomenen umzugehen (insbesondere Supervisoren lernen diese für ihre Arbeit zu beherrschen).

Es ist daher naheliegend, daß wir solche Phänomene, auch wenn sie uns in Organisationen begegnen, aus dem vertrauten familialen Kontext und auf der Basis der organisationsunabhängigen Persönlichkeits- und Interaktionstheorien versuchen zu verstehen bzw. mit dem dazu entwickelten psychologischen Instrumentarium zu beeinflussen. Wir sind wenig geneigt, nach den organisatorischen Hintergründen zu forschen, die sich in solchen individuellen und Beziehungsphänomenen zeigen könnten. Aber selbst wenn wir das einmal versuchen würden, so wäre unsere Aufmerksamkeit selten für solche Zusammenhänge derart geschärft, daß wir in der Lage wären, eine korrekte Diagnose des organisatorischen Sachverhalts zu stellen. Bezüglich der Auswirkungen, die organisatorische Sachverhalte auf Personen und ihre Arbeitsvoraussetzungen haben, verfügen wir nicht annähernd über vergleichbare elaborierte und brauchbare Theorien und Techniken wie bezüglich des Verständnisses und der Beeinflussung organisationsunabhängiger seelischer und kommunikativer Prozesse – Theorien und Techniken, die es uns erleichtern würden, organisationsbezogene Diagnosen zu stellen und ebensolche Interventionen zu setzen.

So wird z.B. der mangelnde Einsatz eines Mitarbeiters sehr schnell als Ausdruck seiner problematischen Persönlichkeitsstruktur diagnostiziert, bestenfalls vielleicht als Folge einer schwierigen Beziehung zu seinem Vorgesetzten. Man fragt nicht, für welches ungelöste oder zumindest nicht recht diagnostizierte organisatorische Problem dieses Verhalten des Mitarbeiters bzw. seine schwierige Beziehung zum Vorgesetzten ein Symptom darstellen könnte. Es könnte ja, um nur eine Möglichkeit anzudeuten, sein, daß weniger die Charakterstruktur des Mitarbeiters für die Schwierigkeiten verantwortlich ist als vielmehr eine organisatorische Diskrepanz zwischen Schwere der Aufgabe, die er eigenständig zu lösen hat, einerseits, und Verantwortung für den Erfolg, die in der Organisation eine Stufe höher angesiedelt ist, andererseits.

1.2.2 Die Antiquiertheit des Menschen

Ich verwende diesen Begriff von Günther Anders (1986), indem ich ihn für unseren Zusammenhang organisationsspezifisch einenge: Der Mensch ist sowohl in seiner menschheitsgeschichtlichen als auch in seiner psychosozialen Genese ein Kleingruppenwesen. Die menschliche Evolution hat in kleinen Gruppen, in Horden oder Clansystemen stattgefunden, in denen die Muster unseres emotionellen Erlebens individueller und sozialer Zusammenhänge nachhaltig geprägt wurden. Organisationen als eigenständige soziale Systeme bestehen demgegenüber seit mehreren tausend Jahren, was einen verschwindenden Zeitraum im Rahmen der Evolution ausmacht (Claessens 1980).

Nun spielen Organisationen zwar heute in unserem Leben eine umfassendere Rolle als jemals zuvor. Zu einem immer früheren Zeitpunkt in der Entwicklung des individuellen Lebens haben sie Einfluß auf dessen psychosoziale Prägung, indem sie das Kind immer früher, zumindest partiell aus der Familie herauslösen. Dennoch finden die ersten und, wie man meint, nachhaltigsten Prägungen der psychischen Struktur und damit auch des Wahrnehmens und Erlebens sozialer Zusammenhänge in der Familie statt. Lange bevor wir in Organisationen integriert werden und soziale Prozesse in ihnen erleben, steuern und erleiden müssen, haben wir gelernt, diese mit einer organisationsunabhängigen familialen Brille wahrzunehmen.

Man wird sich dementsprechend vorstellen müssen, daß Organisationen in ihrer ersten uns überlieferten Form als große Hierarchien dem menschlichen Erleben als derart fremdartige, staunenswerte, unnatürliche Gebilde erschienen sind, daß es massivster

Vorkehrungen zu ihrer Absicherung bedurfte: Einerseits hat man das an der Hierarchie als unnatürlich Erscheinende, weil gegenüber dem „natürlichen" familialen System viel Abstraktere zu etwas Außernatürlichem, Heiligem, Göttlichem stilisiert. Hierarchie heißt auf deutsch heilige Ordnung. Andererseits hat man sehr erfolgreich versucht, der hierarchischen Struktur ihre Fremdheit zu nehmen, indem man es unternommen hat, den gesamten Aufbau der Welt inklusive des Denkens, das ja in der Lage sein soll, diesen „objektiv" wiederzugeben, nach hierarchischem Prinzip zu konstruieren. Die formale Logik als die Grundlage richtigen Denkens spiegelt diesen Versuch ebenso wider wie das Denken in Ursache-Wirkung-Kategorien. (Die Ursache ist das hierarchisch übergeordnete, die Wirkung das untergeordnete Phänomen, das aber seinerseits auf der nächsten Stufe wieder als Ursache wirksam werden kann (Schwarz 1987).) Erst in jüngster Zeit beginnen diese hierarchischen Denkgewohnheiten durch die neueren Erkenntnisse der Systemtheorie in weiterem Ausmaß in Frage gestellt zu werden.[2]

Trotz dieser nachhaltigen gesellschaftlichen Prägung unseres Denkens durch hierarchisch-organisatorische Kategorien ist es nicht gelungen, die Eigenständigkeit von Organisationen in unserem Erleben anders zu verankern als durch den Rückgriff auf Bilder aus dem familialen System. So ist die Rede davon, daß die Organisation eine große Familie sei. Es wird versichert, an ihrer Spitze stehe ein guter, sorgender, gerechter Vater. Es gibt Institutionen, die sich als Ganze zu Eltern stilisieren (Mutter Kirche, Vater Staat) und von ihren Mitgliedern direkt als von Kindern sprechen (und sie auch so behandeln).

Sieht man sich die Leitbilder moderner Organisationen insbesondere aus der Wirtschaft an – also jenem gesellschaftlichen Subsystem, in welchem auf die der Organisation eigene kalte Funktionalität am konsequentesten geachtet wird – so findet man den Familienmythos der Organisation dort sehr lebendig.[3] So z.B. wenn versichert wird, im Zentrum der Organisation stehe das Wohl des einzelnen Mitarbeiters, seine persönliche Entfaltung und Zufrieden-

2 z.B. Pietschmann (1980)
3 zu anderen Formen der Mythenbildung in Organisationen siehe: Westerlund u. Sjöstrand (1981)

heit stelle das oberste Anliegen dar und ähnliches mehr. Natürlich möchte man durch diesen Mythos die emotionelle Zugehörigkeit und Loyalität der Mitarbeiter zur Organisation im Dienste einer hohen Arbeitsmotivation festigen. Spätestens mit der nächsten wirtschaftlichen Rezession, die dazu zwingt, Personal abzubauen, stellt sich der gut gemeinte Schwindel als solcher heraus und zerstört mehr, als er davor aufzubauen verhalf.

Arbeitsanfänger haben oft mit der Neigung, Organisationen nach dem Muster familialer Systeme zu mißverstehen, ihre liebe Not. Sie hoffen, in der Organisation eine bessere Familie zu finden, bemühen sich, gute Söhne und Töchter zu sein und dafür liebevolle Zuwendung und Anerkennung zu erhalten. Die Gelegenheiten können nicht ausbleiben, die sie lehren, daß sie nicht so sehr als Personen, sondern vielmehr als Funktionsträger gefragt sind. Die Enttäuschung ist groß, wirkt sich aber selten im Sinne einer „optimalen Frustration" aus, in deren Folge ein Reifungsschritt ausgelöst wird: Der Familienmythos wird nicht fallengelassen. Es steht kein anderes Muster, sich in der Organisation emotionell zu orientieren, zur Verfügung. Es fehlt eine korrekte Theorie. Woher denn auch nehmen, wenn die Organisation selbst den naheliegenden Mythos unterstützt? Also entschließt man sich dazu, die Organisation als schlechte Familie einzustufen, und bleibt das enttäuschte Kind, das seine Enttäuschung irgendwie kompensiert. Auch dazu bieten Organisationen Möglichkeiten.

Erst wenn es gelingt, den Familienmythos aufzugeben zugunsten eines adäquaten Modells der Organisation (als eines kalten, nicht personenbezogenen Systems, bestehend aus Strukturen und Kommunikationen zum Zweck der Lösung von Sachproblemen), ist man von Erwartungen an die Organisation etwas entlastet, die deshalb enttäuscht werden müssen, weil sie in einen anderen sozialen Kontext gehören. Erst dann ist man in der Lage, den funktionellen Anforderungen eher gerecht zu werden. Man ist dann freier, sich einen sachlichen Überblick über die Strukturen zu verschaffen und sie zum Zweck der optimalen sachlichen Problemlösung mit kühler Kalkulation zu nutzen. Erst dann wird es auch gelingen, den Menschen gerecht zu werden: als Umwelt der Organisation – mit ihren unabweisbaren Bedürfnissen nach Integration in familiale soziale Systeme, nach primärer und direkter Kommunikation.

So wird es für die Motivation der Mitarbeiter, für das Arbeitsklima in einer Abteilung, für ihr organisationsbezogenes Selbstverständnis und für ihre Fähigkeit, auftretende Arbeitsprobleme zu lösen, einen großen Unterschied machen, ob man den Mitarbeitern den Bären von der Organisation als Familie aufbindet, der unweigerlich mit Enttäuschung endet; oder ob man ihnen zwar zu verstehen gibt, daß sie hier sind, um eine Aufgabe zu erfüllen, und daß es für sie Konsequenzen hat, wenn sie das nicht tun, bzw. wenn diese Aufgabe nicht mehr gebraucht wird – daß man aber gerade wegen dieser nicht personenbezogenen Funktionalität und Kälte der Organisation sich besonders darum bemühen muß, die Arbeitssituation menschlich erträglich zu gestalten.

1.2.3 Das Tabu der Organisation

Da uns dieser Sachverhalt noch beschäftigen wird, mag es hier genügen zu behaupten, daß Organisationen traditionellerweise mit einem Tabu der Organisation ausgestattet sind: Mit ihrer Stilisierung zur heiligen Ordnung ist nicht nur die Bemühung entstanden, ihre Funktionsprinzipien in unserem Denken zu verankern, sondern ebenso das Tabu, sie mit Nachdenken zu berühren. Und dieses Tabu stellt neben der Abstraktheit organisatorischer Sachverhalte und der Antiquiertheit des Menschen den dritten Grund dar für die Schwierigkeit, organisatorische Sachverhalte als solche wahrzunehmen.

Die Selbstdarstellung der Organisation als heilige Ordnung, nach deren Konstruktionsprinzipien alle vernünftige Realität aufgebaut ist, diente ihrer *Legitimation* als gleichwertigem wenn nicht überlegenem sozialen System gegenüber allen familialen Systemen. Als „künstliches" soziales Gebilde, das in scharfem Gegensatz zu den naturwüchsig erscheinenden älteren, tiefer in uns verankerten familialen Systemen steht, kann sie eine solche Legitimation zur Absicherung ihrer Existenz nach außenhin gebrauchen – insbesondere in den historisch frühen Phasen ihrer Entwicklung.

Das *Tabu der Organisation dient demgegenüber ihrer inneren Stabilität*. Es soll sicherstellen, daß die Mitglieder der Organisation den ihnen zugewiesenen Platz fraglos ausfüllen im Glauben an den Sinn des Ganzen, das sie nicht zu überschauen brauchen; und insbesondere ohne sich mit diesem Ganzen zu beschäftigen. Einmal aufgebaut, soll es nach innen außer Streit gestellt sein, keiner Veränderung, d.h. Destabilisierung ausgesetzt werden. Traditionelle Organisationen sind mit so etwas wie einem Ewigkeitsanspruch ausgestattet. (Auch wenn die eine oder die andere Organisation ihre ursprüngliche Funktion mehr oder weniger eingebüßt hat, bleibt sie meist weiter bestehen, und wenn nur als lebendes Museum. Dasselbe gilt für die verschiedenen Organisationseinheiten innerhalb einer Organisation.)

Mutet es noch heute in vielen Organisationen eigenartig an, wenn ein Mitarbeiter in einer Arbeitsbesprechung den organisatorischen Rahmen der Arbeitssituation oder die strukturellen Gegebenheiten der Organisation, soweit sie die eigene Arbeit betreffen, zu einem Tagesordnungspunkt macht, so war es in Organisationen, sagen wir, um die Jahrhundertwende nicht nur ein Verstoß gegen die bestehende Organisationskultur, solches zu tun. Vielmehr wird von Betriebsordnungen berichtet, in denen das ausdrückliche Verbot ausgesprochen war, in der Organisation miteinander über die Organisation zu sprechen. Ein solches Verbot stellt den Ausdruck des Stabilitätswillens der Organisation dar. Mit ihm soll die fraglose Geltung organisatorischer Normierungen hervorgehoben werden.

Dem liegt die Einsicht zugrunde, daß Reflexion sich entweder auf Inhalte bezieht, deren Fraglosigkeit zu schwinden beginnt; oder daß sie, sozusagen „mutwillig" vom Zaun gebrochen, Zweifel in diese Fraglosigkeit der Ordnung erst erzeugt und zumindest die gedankliche Möglichkeit von Alternativen heraufbeschwört.

Reflexion hängt mit Kontingenz der reflektierten Sachverhalte zusammen. Reflexion stellt insofern ein Symptom verlorengegangener oder verlorengehender Stabilität dar, ohne daß sie in der Lage wäre, diese gleichwertig zu ersetzen. Vom Standpunkt solcher verlorengehender Sicherheit ist es daher naheliegend, der Reflexion Zerstörungsabsichten zu unterstellen und ihr zu wehren.

Obwohl das Tabu der Organisation, wie wir noch sehen werden, heute keine Funktion mehr hat, wirkt es nach: als Hindernis, sich mit der Eigendynamik organisatorischer Prozesse zu beschäftigen. Doch da es ohnehin aufsetzt auf die beiden anderen Hindernisse des Verständnisses von Organisation, auf die Abstraktheit organisatorischer Sachverhalte und auf die Antiquiertheit der menschlichen sozialen Wahrnehmung, so macht sein Hinschwinden noch wenig Unterschied für die verbleibenden Hindernisse der Entwicklung von Organisationsbewußtsein.

1.2.4 Fallbeispiel 1: Eigenartige Charakterveränderungen in einer Abteilung

Ein Beispiel soll illustrieren, welche Möglichkeiten sich für die berufliche Praxis eröffnen, wenn es in einer Supervision gelingt, ein persönliches bzw. ein Beziehungsproblem in einer Abteilung auf das organisatorische Problem zurückzuführen, das sich darin zeigt und versteckt zugleich.

Die Forschungsabteilung eines Betriebes leidet an einem Problem, welches eine lähmende Wirkung ausübt. Obwohl zur Erledigung der anstehenden Aufgaben intensive Kooperation unter den Kollegen notwendig wäre, kommt diese in der letzten Zeit nicht mehr zustande, man gerät mit der Arbeit in Verzug, bzw. es gelingt nur unter großem Aufwand und unter dem Einsatz externer Ressourcen, sie halbwegs zu erledigen. Das ehemals brauchbare Arbeitsklima ist zur Gänze vergiftet, auch die informelle Kommunikation unter den Mitarbeitern ist völlig eingeschlafen.

Zur Vorgeschichte der heutigen Situation muß man wissen, daß die Abteilung zur Zeit ihrer Gründung von einem liebenswürdigen Vorgesetzten geleitet wurde, der keiner Fliege ein Haar krümmen konnte. Sie verfügte über motivierte Mitarbeiter, die sich einer hohen Wertschätzung bei ihm erfreuten. Allerdings gab es einen äußerst lästigen und störenden Außenseiter, der für schlechtes Klima sorgte. Er war der stellvertretende Leiter, der relativ häufig in dieser Funktion auftreten mußte, da der Chef mit wichtigen Angelegenheiten viel unterwegs war. Dieser Außenseiter bekämpfte die Mitarbeiter, mäkelte an den kleinsten Unregelmäßigkeiten in übertriebener Weise herum und zerstörte damit sehr viel Arbeitsmotivation.

Es entsprach der Haltung des Vorgesetzten, daß er auch dem Stellvertreter gegenüber die gewohnte Toleranz zeigte. Das Problem konnte deshalb nicht anders gelöst werden als durch den natürlichen Abgang des Außenseiters: Seine Verabschiedung anläßlich einer Abteilungsfeier zu seiner Pensionierung war sehr herzlich geraten und voller Erwartungen an die Zeit danach.

Um die Wiederholung der genannten Problematik zu vermeiden, ernannte der liebenswürdige Vorgesetzte keinen neuen Stellvertreter. Eigenartigerweise übernahm dennoch ein bislang wohlgelittener Mitarbeiter ganz spontan die unangenehme Rolle des pensionierten Stellvertreters. Man wunderte sich über die plötzliche Charakterveränderung dieser Person und versuchte, das Problem auf einer menschlichen Ebene durch Zureden, Entgegenkommen und ähnliches zu lösen. Allerdings vergeblich.

Nun ging der Chef in Pension, der unangenehm aufgefallene Mitarbeiter wurde dazu bestimmt, interimistisch die Abteilungsleitung zu übernehmen. Eigenartigerweise wurde dieser Rollenwechsel wieder von einer vermeintlichen Charakterveränderung begleitet. Der ehemals wohlgelittene, nachmalig sehr unangenehme Mitarbeiter wurde nun zu einer vergleichsweise liebenswürdigen Person, ähnlich wie der pensionierte Chef es gewesen war. Leider änderte daraufhin ein anderer, bislang unauffälliger Mitarbeiter sein Verhalten, indem er diesmal zum bösartigen Außenseiter wurde.

Die Abteilung ist verwirrt und gelähmt. Um sich vor weiteren unangenehmen Charakterveränderungen, auf die man nun in paranoider Weise von jeder Seite her gefaßt ist, vorweg zu schützen, beginnt man einander generell zu mißtrauen. Man geht einander in der Folge auch dort aus dem Weg, wo Kooperation nötig wäre, und versucht, sich mit problematischen Außenkontakten weiter zu helfen. Dies geht, wie gesagt, auf Kosten der Arbeitsergebnisse, vom Arbeitsklima gar nicht zu reden.

Die Schwierigkeit dieser Abteilung ist immer wieder als Charakterproblem von Einzelpersonen diagnostiziert worden bzw. als Folge des Zusammentreffens schwieriger Menschen in einer Organisationseinheit: Obwohl es hätte überraschen müssen, wie sehr sich der Charakter gleich mehrerer Mitarbeiter mit der Veränderung der Funktionsaufteilung in der Abteilung so auffällig verändern kann, bei einer Person noch dazu mehrmals hintereinander in die entgegengesetzte Richtung.

In der Supervision wurde sichtbar, welches ungelöste organisatorische Problem sich auf die beschriebene Weise entfaltet hatte: Die Abteilung war charakterisiert durch ein inadäquates Führungsverständnis. Man war unausgesprochen darin übereingekommen, daß Führung identisch ist mit ausschließlich positiver Beziehung zwischen Vorgesetzten und Mitarbeitern. Die unangenehmen, einschränkenden Funktionen wurden aus dem gemeinsam geteilten, allerdings nie miteinander reflektierten Führungsverständnis ausgeschlossen. Da sie aber ebenso wahrgenommen werden mußten, traten sie als abgelehnte persönliche Eigenschaften jeweils eines Mitarbeiters auf, der entweder als Stellvertreter geeignet war oder sich informell dazu hergab, diese Rolle zu übernehmen: eine Aufspaltung in Gut und Böse, die man häufig in Organisationseinheiten findet, welche sich als gute Familien mißverstehen. Im vorliegenden Fall war diese Aufspaltung derart fest in der Kultur der Abteilung verankert, daß sie die Personen, durch die sie etabliert wurde, ohne Schwierigkeit überlebte, und immer geeignete Rollenträger zur Verfügung standen, die für ihr Weiterbestehen zu sorgen hatten.

Das Problem löste sich

a) durch eine Reflexion des Führungsverständnisses der Abteilung,
b) durch die Anerkennung der unausgesprochenen intensiven Kooperation innerhalb der Abteilung, was die Erfüllung aller notwendigen Funktionen der Führung betraf. (War ein wichtiger Rollenanteil in der Abteilung vakant, so konnte man sicher sein, daß unaufgefordert immer ein Mitarbeiter einsprang, ihn zu übernehmen.)
c) und durch die Entwicklung eines funktionaleren Führungskonzepts, das es unnötig machte, die in ihm verbundenen einander entgegengesetzten Funktionsanteile aufzuspalten und auf verschiedene Personen aufzuteilen.

Die Verwunderung über die vermeintlichen Charakterveränderungen fand darin ihre Aufklärung, daß jeder Mensch sehr unterschiedliche, sogar in sich gegensätzliche Verhaltensdispositionen beherbergt. Daraus wird je nach Rolle, die übernommen werden muß, Unterschiedliches aktiviert.

1.3 Teamsupervision – Supervision in Organisationen

Ich habe vorhin erwähnt, daß die Schwierigkeiten, Organisation als spezifisches soziales System wahrzunehmen, auch der Supervision nicht fremd sind. Dort, wo Arbeitsprozesse in Organisationen supervidiert werden, begegnet man den Hindernissen, organisatorische Prozesse in ihrer unverwechselbaren Eigendynamik zu rekonstruieren, ebenso wie der Tendenz, Organisationen mit familialen sozialen Systemen zu verwechseln. Gelegentlich hat man den Eindruck, daß die Tragfähigkeit des Arbeitsbündnisses in solchen Supervisionen auf der zwischen Supervisor und Supervisanden gemeinsam geteilten Organisationsblindheit beruht (siehe Fallbeispiel 3).

Dies mag viele Gründe haben. Einer ist sicherlich darin zu sehen, daß Supervision ursprünglich zur Reflexion von Arbeitsbeziehungen entwickelt wurde, in denen es vorwiegend um die professionelle Gestaltung einer sehr personenorientierten Beziehung gegangen ist (und nicht um organisatorische Sachverhalte). Das Ziel der in Sozialarbeit, Psychotherapie und Beratung supervidierten Prozesse war die Gestaltung der supervidierten Beziehung im Dienste des Klienten, den der jeweilige Supervisand betreute. Wenn Organisation überhaupt ins Spiel gekommen ist, dann nicht in ihrer Eigendynamik als soziales System, sondern als Institution, gegen die der Supervisand den Klienten bestenfalls schützen sollte.

Zur Professionalität des Supervisors gehörten Kenntnisse der Persönlichkeits- und Beziehungsdynamik und Aufmerksamkeit auf das supervidierte Feld. Der allgemeinen Organisationsblindheit wurde nicht sonderlich durch Ausbildung entgegengewirkt, sie wurde vielmehr mit dem Supervisanden geteilt, wenn nicht durch eine berufsbedingte Organisationsfeindlichkeit noch verstärkt, die auf dem Versuch beruhte, die Wärme menschlicher Beziehungen der Kälte der Organisation entgegenzusetzen.

Diese Haltungen wurden auch dann weitgehend beibehalten, als in den letzten 10 bis 15 Jahren die Nachfrage nach Supervision in Organisationen zuzunehmen begann. Man entdeckte dort zwar, daß die der Supervision unterzogenen Arbeitsbeziehungen des Supervisanden zu seinem Klienten durch die organisatorische Einbindung des Supervisanden beeinflußt wurden, und die Fälle nahmen zu, daß man sich diesem Einfluß widmete. Unter den genannten Ausbildungsvoraussetzungen bedeutete das aber bestenfalls, daß die mit supervisorischem Blick begleiteten Arbeitsbeziehungen nicht mehr nur in den „Fällen" des Supervisanden zu suchen waren, sondern daß Bedingungen der beruflichen Tätigkeit des Supervisanden in den Blick gelangten, die außerhalb der Fallarbeit gelegen waren.

Dies geschah nur soweit, wie diese Arbeitsbedingungen mittels des professionellen Handwerkszeugs der Supervision sichtbar werden konnten, und das war meist beschränkt auf Arbeitsbeziehungen zu Kollegen und Vorgesetzten. Man blieb also beim vertrauten Fokus auf Beziehungen und ihrer Gestaltung und wendete ihn auf innerorganisatorische Verhältnisse an, die unter diesem Fokus bestenfalls als Team in Erscheinung treten konnten: Es entstand die Differenz von Fall- und Teamsupervision.

Organisationseinheiten wurden als Teams gesehen, die man nach den Kenntnissen der Eigendynamik von Gruppen supervidierte – als personenorientierte soziale Systeme, die sich mittels direkter und vielfach primärer Kommunikation reproduzierten. Auch diesbezüglich blieb der personen- und interaktionsorientierte Schwerpunkt erhalten (Buchinger 1996).

Diese Vorstellung von Teamsupervision entsprach dem Gruppendynamikboom jener Zeit. Beiden ging es um die Humanisierung der Arbeitswelt, womit der Kampf gegen die „böse" Hierarchie gemeint war. Die zu dieser Zeit ideologisch gehandelte Alternative war die Gruppe als kooperative soziale Einheit und als emotionelle Heimat in der ansonsten fremden und kalten Organisation. Daß die Hierarchie nicht deshalb in die Krise geraten war, weil sie ein den familialen Systemen entgegengesetztes, auf höherer Abstraktion beruhendes System war, sondern aus funktionalen Gründen, konnte nicht recht wahrgenommen werden ohne ein Verständnis der Eigendynamik von Organisation.

Dieser Mangel einer der Funktionalität von Organisation entsprechenden Perspektive zeigte sich auch daran, daß man versuchte, Gruppen dort zu installieren, und daß von Teamsupervision auch dort die Rede war, wo nichthierarchische Kooperation und Vernetzung von der Arbeit, die es zu bewältigen galt, gar nicht angesagt war: Auch dort, wo jeder seine berufliche Spezialaufgabe ohnehin in Einzelarbeit durchzuführen hatte, sprach man plötzlich von Teams und supervidierte diese, indem man versuchte, familiale Aspekte in die Organisation hineinzutragen. Überschaubare Organisationseinheiten wurden wegen der in ihnen stattfindenden direkten Kommunikation mit einem Arbeitsteam verwechselt.

Bestenfalls monierte man den „institutionellen Faktor", zeigte mit dieser Verwechslung von Institution und Organisation[4], daß man die Organisation als soziales System eigener Dynamik nicht registrierte und beließ es meist bei einem theoretischen Postulat. In der Lektüre von Fallberichten aus dieser Zeit ist schwer auszumachen, wie der sogenannte institutionelle Faktor in der praktischen Arbeit des Supervisors sich niederschlug, wie er vermittelt wurde in der Diagnose und Bearbeitung supervidierter professioneller Tätigkeit.

4 zur Problematik der Institution siehe: Schülein (1987)

Erst langsam beginnt man in der Supervision die Problematik der Organisation[5] zu sehen, beginnt man von Supervision in Organisationen zu sprechen, nicht mehr nur von Teamsupervision. Dies scheint auf einer Veränderung und Bewegung zu beruhen, die in der letzten Zeit immer drastischer in Organisationen vor sich geht und beginnt, ihre Rückwirkung auf die Entwicklung von Supervisionskonzepten (Bellardi 1994) zu haben. Doch bevor ich mich dieser Bewegung zuwende, will ich das Gesagte mit Fallberichten illustrieren.

1.3.1 Fallbericht 2: Peer-group-Supervision im Team als Dienstauftrag – ein Paradox[6]

Das folgende Fallbeispiel stammt aus der soeben erwähnten Zeit, in der die Gruppendynamik boomte und das Team als Alternative zur Hierarchie propagiert und vielerorts eingeführt wurde. Da der Widerspruch zwischen Gruppe als personenorientiertem und der Organisation als funktionsorientiertem sozialem System meist der beschriebenen Organisationsblindheit wegen nicht so genau gesehen und sorgfältig gehandhabt wurde, so führte der Versuch, Teamarbeit in Organisationen einzuführen, oft zu unerwünschten Effekten, in deren Folge die Teamarbeit wieder eingestellt wurde.

Unser Beispiel zeigt, wie der wohlgemeinte Versuch, entsprechend der Logik des einen Systems (der hierarchischen Organisation) das andere (das Team) zu installieren und abzusichern, gerade das verhindert, was er ermöglichen möchte. Dies um so mehr, je höher die Motivation auf beiden Seiten. Das Beispiel zeigt auch, wie es einem an der Gruppendynamik orientierten Supervisor, der ich damals war, mit etwas Glück und Aufmerksamkeit gelingen konnte, die Organisationsdimension des Problems zu erfassen – trotz supervisorischer Arbeit auf der Beziehungs- und Gruppenebene.

Vor ca. 20 Jahren versuchte der damalige Vorgesetzte der Wiener Jugendämter, ein engagierter hoher Beamter der Stadtverwaltung, in den Ämtern Teamarbeit einzuführen. Sie sollte der Besprechung schwieriger Arbeitssituationen der Sozialarbeiterinnen dienen, eine Art Peer-group-Supervision – zu dieser Zeit eine fortschrittliche Maßnahme. Die Absicht des Vorgesetzten war es, die Sozialarbei-

5 Weigand (1994); auch Weigand (1989)
6 Eine ausführlichere Darstellung des Falles findet sich in Buchinger (1980).

terinnen der Jugendämter in ihrer anspruchsvollen und in sich widersprüchlichen Arbeit zu unterstützen, zu entlasten, Verschleißerscheinungen, die man heute Burnout nennt, vorzubeugen und die Arbeitsfähigkeit zu erhöhen.

Gerade der Widerspruch in der Aufgabe der Jugendfürsorgerinnen – sie haben eine psychosoziale Beratungs- und eine amtliche Kontrollfunktion in den Familien auszuüben – ließ diese Maßnahme besonders sinnvoll erscheinen. Denn der Widerspruch führt dazu, daß die Sozialarbeiterinnen fast immer das Gefühl hatten, etwas falsch gemacht oder vernachlässigt zu haben: Sie verrichten ihre Arbeit meist im Alleingang, ohne sich darüber verständigen zu können, daß ihre Schwierigkeiten den Ausdruck eines strukturellen Widerspruchs in ihrer Arbeit darstellen. Das verstärkt die Tendenz, sich den subjektiv erlebten Mangel auch subjektiv als mangelnde Kompetenz zuzuschreiben.

Ich konnte in der sorgfältig vorbereiteten Phase der Einführung der Teamarbeit einzelne Jugendämter mit den Methoden der Teamarbeit vertraut machen und war verwundert, als etwa ein Jahr später gerade jenes Jugendamt, das ich als besonders motiviert erlebt hatte, diese Neuerung zu nutzen, mich um Supervision wegen gravierender Teamprobleme ersuchte. Es fand sich außerstande, die von ihm erwünschten Fallbesprechungen erfolgreich durchzuführen, Spannungen und Kommunikationsschwierigkeiten hatten sich verstärkt, Resignation begann sich einzustellen. Es führte mir seine Lähmung mit einem hartnäckigen Schweigen im Kontaktgespräch eindrucksvoll vor.

Ich hatte rasch eine (wie ich meinte, vorläufige) Diagnose des Problems, das ich auf der Ebene aufgriff, auf der es sich zeigte (was lag näher?). Meine Überlegungen mögen etwa folgendermaßen ausgesehen haben: Im Schweigen präsentieren sich alle gleich, daher gilt es, Unterschiede herauszuarbeiten, über die man miteinander in Kontakt kommt. Ich erspare mir die Beschreibung der übrigens erfolgreichen gruppendynamischen Versuche, das Team in Bewegung zu bringen und seine Lähmung aufzulösen.

Solange wir an den internen Differenzen des Teams arbeiteten, konnte nicht sichtbar werden, ob die gelingende Kommunikation nicht nur auf die Arbeit an den internen Differenzen beschränkt war. Wir hatten alle daran soviel Vergnügen, daß die Gefahr entstand, das ursprüngliche Ziel der Supervision aus den Augen zu verlieren:

Es sollte um die Ermöglichung von Fallbesprechungen im Team gehen. Als ich dieses Ziel schließlich in Erinnerung brachte und meinte, wir könnten nun den Versuch einer Fallbesprechung unternehmen, verfiel das Team schlagartig wieder in seine anfängliche Lähmung, als wäre in der Zwischenzeit nichts geschehen.

Die Verführung, auf der Beziehungsebene weiterzuarbeiten (wir sind eben noch nicht zum Kern des Teamproblems gelangt ...), war groß, und wahrscheinlich wäre ich damit auch gut gelandet. Mir dämmerte allerdings, daß dies ein Vorgehen nach dem Motto „Mehr vom selben" gewesen wäre – und ich begann die Aufmerksamkeit in andere Richtungen zu lenken – ohne daß ich genau gewußt hätte, wohin.

Ich begann, wie nebenbei getane Äußerungen, unauffällige, aber hartnäckige Wiederholungen wahrzunehmen, die nicht die teaminterne Situation betrafen, sondern die Art des oben ausgegebenen Reformauftrages zur Teamarbeit. Die Verpflichtung zur Teamarbeit wurde immer wieder angesprochen. Es wurde darauf hingewiesen, daß Peer-group-Supervision in einem Amt an und für sich nicht leicht sei, hat man in den Supervisionsteilnehmerinnen doch berufliche Konkurrentinnen (z.B. um die ohnehin bescheidenen Karrieremöglichkeiten im Amt) vor sich, denen man nun seine Schwächen preisgeben soll. Vertrauen, Intimität, Verschwiegenheit spielen hier, wie immer in Beratungssituationen, eine große Rolle, müssen im vorliegenden Fall wegen der erschwerenden institutionellen Situation besonders abgesichert werden. Wie soll das aber möglich sein, wenn die Teamarbeit als Dienstauftrag der vorgesetzten Dienstbehörde ausgegeben wurde? Das bringt vielmehr die Verpflichtung mit sich, Prozeß und Ergebnis der Teamarbeit zur Kontrolle offenzulegen. Wie soll man überdies Vertrauen als eine Bedingung gelingender Fallbesprechungen über einen Dienstauftrag verordnet bekommen?

Äußerungen dieser Art führten uns schließlich zur Auffassung, daß es sich bei der zur Supervision vorgelegten Arbeitsschwierigkeit des Teams um ein organisatorisches Problem handelte. Es bestand im folgenden Widerspruch zwischen der Eigendynamik einer hierarchischen Organisation und der Eigendynamik eines arbeitsfähigen Teams.

Der Arbeitsauftrag, im Team Peer-group-Supervision durchzuführen, konnte entsprechend der Logik der Amtshierarchie nur als

Dienstauftrag einer übergeordneten Stelle an viele untergeordnete Stellen ausgegeben werden. Damit entstand bei diesen eine Verpflichtung zur Durchführung des Auftrags, bei der übergeordneten Stelle eine Verpflichtung zur Kontrolle der Aufgabenerfüllung.

Nun verpflichtete die Anweisung aber zu einer Art von Tätigkeit, die unter diesen organisatorischen Bedingungen strenggenommen undurchführbar ist. Denn Teamarbeit, im besonderen, wenn ihr Inhalt Peer-group-Supervision, also gemeinsame Fallbesprechungen der Mitarbeiterinnen des Jugendamts sein soll, beruht auf Vertrauen, Verschwiegenheit, Intimität. Beides schließt einander aus: Vertrauen kann nicht verordnet werden; und was der Verschwiegenheit und Intimität anheimfällt, kann nicht kontrolliert werden.

Wird dieser Widerspruch nicht erkannt und in der Art der Einführung von Teamarbeit nicht berücksichtigt (und das ist, wie wir oben dargestellt haben, sehr wahrscheinlich), so entstehen Arbeitsprobleme wie das vorgelegte. Erkennt man in der Supervision die Organisationsdimension dieser Arbeitsprobleme nicht (und das ist nicht unwahrscheinlich), so versucht man sie auf der Ebene zu verstehen und zu lösen, auf der sie sichtbar und erlebbar werden: im Team, das sich bemüht, den Auftrag zu erfüllen. (Je mehr es sich bemüht, desto intensiver gerät es in die Folgen des unerkannten organisatorischen Widerspruchs.) Im Team und seiner internen Dynamik kann man aber endlos an gruppendynamischen Problemen arbeiten – man wird immer welche finden – ohne die Arbeitsschwierigkeit zu lösen, denn sie liegt nicht im Team, sie zeigt sich bloß dort.

Erkennt man die organisatorische Dimension des Problems, so entlastet das nicht nur das Team – es braucht nicht mehr auf „Fehlersuche" in der Zusammenarbeit gehen und einen Schuldigen finden – man kann auch versuchen, den Hebel zur Problemlösung woanders anzusetzen.

In unserem Fall verläßt man damit das Setting der Supervision – wenn man sie nicht, wie es korrekt wäre, mit der organisationsbezogenen Problemdiagnose beendet und weitere Schritte dem Team überläßt bzw. sie in der Supervision mit ihm vorbereitend und begleitend erörtert. Denn eine in der Organisation außerhalb des Teams gesetzte Maßnahme, wie sie zur Lösung des anstehenden Problems nötig wäre, kann nicht mehr Gegenstand der Supervision sein.

Was geschah also nach der Diagnose des Problems in unserem Team? Man einigte sich darauf, den Vorgesetzten zu ersuchen, das Team als freiwillige Maßnahme (in der Dienstzeit) zuzulassen. Der Vorgesetzte war verständnisvoll genug, um das zu gestatten und das Ganze als Experiment zu deklarieren.

1.3.2 Fallbericht 3: Eine Organisation hält sich für eine Gruppe und ein anderer Irrtum ihres Supervisors[7]

Die vorliegende Fallstudie beschreibt eine Supervision, die 10 Jahre nach dem voranstehenden Beispiel in einer jungen, im Bereich sozialer Maßnahmen angesiedelten Institution durchgeführt wurde. Sie ist planmäßig und mit einigen Anzeichen von Erfolg abgeschlossen worden, hat mich dennoch als Supervisor mit einem anhaltenden Zweifel darüber zurückgelassen, ob ich meinem Auftrag gerecht worden bin.

Ich füge das Beispiel hier an, weil es einen anderen typischen Aspekt des Gegensatzes von *Organisation und familialem System* in Reinkultur darstellt: das Selbstmißverständnis von Organisationen im psychosozialen Bereich, die sich gern für autonome Gruppen halten. Leider illustriert das Beispiel auch, wie leicht sich ein Supervisor, der sich in diesen Dingen inzwischen für erfahren hält und meint, der Dimension organisatorischer Prozesse und Widersprüche gerecht werden zu können, in dieses Selbstmißverständnis hineinziehen läßt; wie er, ohne es recht zu merken, in die Gruppenfalle tappt und damit seiner Arbeit einen Gutteil ihrer Wirkung nimmt.[8]

Das Beispiel führt im Zusammenhang mit der Problematik der Differenz von Gruppe und Organisation eine weitere für Supervision in Organisationen wichtige Differenz vor Augen, auf die oft nicht ausreichend geachtet wird. Ich meine die Differenz von *Auftraggeber und Klientensystem – und die Frage des Settings*.

Schließlich läßt sich an ihm ein Sachverhalt erkennen, der dem Supervisor Aufschluß über manche charakteristische Besonderheit einer Organisation geben kann: *die Rückwirkung, welche die Dienstleistung, das „Produkt", das die Organisation hervorbringt, auf ihr Selbst-*

---

7 Für unseren Kontext adaptierte Fassung der Arbeit unter gleichem Titel. In: Brandau (Hrsg.) (1991), S. 101–115.
8 Tips für das erfolgreiche Tappen des Supervisors in andere Fallen geben Brandau u. Schüers (1995), S. 160 f.

verständnis als Organisation und damit auf bestimmte organisationsinterne Handlungsmuster hat.

Einige allgemeine Bemerkungen zu den drei genannten Punk-
ten, die mir besonders für Supervision in psychosozialen Einrichtungen beachtenswert erscheinen, sollen zum Fallbericht überleiten.

1.3.2.1 Zum Unterschied zwischen Gruppe und Organisation in psychosozialen Institutionen

Klientensysteme aus dem Bereich psychosozialer Institutionen lei-
den in bezug auf diesen zentralen Unterschied häufig an den Folgen eines problematischen Selbstkonzepts. Sie halten sich für mehr
oder weniger autonome Gruppen. Dabei geht es nicht nur um das
allgemeine familiale Mißverständnis als vielmehr um die Betonung
der Autonomie der einzelnen Mitarbeiter ebenso wie der Organisationseinheit als Ganzer. Die Organisation soll restlos in der Aufgabe
aufgehen, die Freiheitsspielräume der Mitarbeiter in ihrer meist mit
hohem Engagement durchgeführten Arbeit zu optimieren. Sie versuchen, ihre professionelle Tätigkeit und ihre teaminterne Kooperation aus diesem Selbstverständnis heraus zu gestalten – und stoßen
dabei an den von der Institution und ihren organisatorischen Bedingungen vorgegebenen Rahmen. Aus ihrem Selbstmißverständnis heraus erleben sie diesen Rahmen als eine durch bürokratische
Willkür gesetzte Behinderung ihrer Berufsausübung. Unter anderem verstellen sie sich dadurch den Blick auf wirkliche bürokratische Willkür.

Unser Fallbeispiel illustriert die Schwierigkeit, in welche ein
Klientensystem, das sich als autonome Arbeitsgruppe mißversteht,
in verstärktem Ausmaß dann gerät, wenn eine Institution aus ihrer
Pionierphase heraustritt, in ihrer Organisation wächst, differenzier-
tere Strukturen auszubilden gezwungen ist, klare interne Regelungen fordert, wenn das Team jedoch an den vergleichsweise informellen früheren organisatorischen Zuständen festhalten möchte.

1.3.2.2 Die Differenz zwischen Auftraggeber und Klientensystem – und die Frage des Settings

Nicht immer ist der Klient von Supervision in einer Organisation
auch der Auftraggeber. Das System, welches die Supervision für sich
in Anspruch nimmt, kann, aber muß nicht identisch sein mit der
Instanz, welche die Durchführung der Supervision bewilligt und

den Supervisor für seine Arbeit bezahlt. Diese Instanz kann Teil des Klientensystems sein, sie kann eine übergeordnete Dienststelle sein, welche vom Klientensystem so weit entfernt ist, daß ihr bloß eine formale Bedeutung in bezug auf die Supervision zukommt. Sie kann, wie in unserem Fall, eine übergeordnete Dienststelle sein, die sehr nahe am supervidierten Team ist und weder von diesem eindeutig als übergeordnete weisungsbefugte Stelle gesehen wird, noch auch sich selbst als solche versteht.

In allen diesen Fällen wird der Erfolg der Arbeit auch davon abhängen, wie es dem Supervisor in der Gestaltung des Arbeitskontraktes und der darin vereinbarten einzelnen Arbeitsschritte gelingt, dieser Differenz von Auftraggeber und Klientensystem gerecht zu werden. Er wird zumindest darauf achten müssen, daß sein Arbeitskontrakt aus zwei miteinander nicht identischen Teilen besteht, im einfachsten Fall aus einer formalen Auftragsbestätigung durch den Auftraggeber und einem konkreten inhaltlichen Arbeitsbündnis mit dem Klientensystem. In diesem einfachsten Fall tritt der Auftraggeber nach Abschluß des formalen Kontraktes (in dem Umfang und Zeitaufwand der zu erbringenden Leistungen, das dafür zu zahlende Honorar und eventuell noch andere formale Rahmenbedingungen vereinbart werden) für den Supervisor nicht mehr in Erscheinung, außer vielleicht bei einer Verabschiedung am Ende der Supervision. Die inhaltliche Arbeit wird mit dem Klientensystem geleistet.

Unser Fall lag jedoch nicht so einfach. Denn nicht nur waren Auftraggeber und supervidiertes Team sehr nahe und hatten sich in ihrer Arbeitsbeziehung nicht als das verstanden, was sie waren, als einander über- und untergeordnete Organisationseinheiten. Es stellte sich im Laufe der Supervision heraus, daß gerade diese unklare Beziehung für einen Teil der Schwierigkeiten verantwortlich war, mit welchen das Team zu kämpfen hatte und welche der Anlaß für die Supervision waren.

In diesem Fall wäre es notwendig gewesen, den Auftraggeber über die formale Auftragsgestaltung hinaus in geeigneter Form in die Supervisionsarbeit miteinzubeziehen. Und man hätte im Laufe der Gestaltung des Settings zu einer klaren problembezogenen Definition des Klientensystems und seiner Grenzen finden müssen. Die Bearbeitung der Differenz zwischen Auftraggeber und Klientensystem hängt in der Supervision in Organisationen also mit einer

34

genauen problembezogenen Klärung der Frage nach dem Klienten-system und damit nach einem Element des Settings zusammen. (Wer nimmt an der Supervision teil?)

In unserem Fall hätte eine sorgfältige Überlegung zu dieser Frage dem Supervisor geholfen, dem Selbstmißverständnis des Teams als autonomer Gruppe nicht aufzusitzen und effizienter an der Differenz von Gesamtorganisation und Team arbeiten zu können.

Für die Tätigkeit des Supervisors genügt es nicht, darauf zu achten, daß der Sinn dieser Differenz zwischen Gruppe und Organisation in der von ihm geförderten Selbstreflexion des Teams ausreichend sichtbar und besprechbar wird. Die *Gestaltung des Settings der Supervision ist eine noch viel wirksamere Intervention in das Klientensystem als der in einem solchen Setting geleistete Beitrag zur Analyse teaminterner Probleme.* In der Gestaltung des Settings gilt es daher vor allem, dieser Differenz Rechnung zu tragen und die relevanten organisatorischen Sachverhalte zu verankern.

Wie aber, wenn man auf derartige Fragen erst im Rahmen eines schon festgelegten Settings stößt, das sich beschränkt auf Supervision mit einem Team, welches sich als supervisionsbedürftig präsentiert hat? Dann hat man, schlicht gesagt, einen Fehler gemacht, weil man es verabsäumt hat, wichtige Vorfragen zu klären.

Und wenn sich diese in einem oder einigen Vorgesprächen nicht ausreichend klären lassen? Schließlich stößt man auf die heiklen Probleme erst im Laufe der schon in einem vereinbarten Setting voranschreitenden Arbeit. Dann muß man wenigstens mit solchen Überraschungen rechnen und in Arbeitsgestaltung und Setting so viel definierten Spielraum einbauen, daß die Einführung neuer Arbeitsschritte und Settingvarianten darin nach Bedarf Platz hat. Man kann nicht einfach davon ausgehen, daß das, was sich selbst als Klientensystem präsentiert, dieses auch wirklich ist.

Supervision in Organisationen ist mehr als Supervisionsarbeit mit einem vorhandenen Team. Sie ist, wenn sie wirksam sein soll, eine Intervention in einer Organisation, eine Intervention, die in den genannten Fragen die für die Probleme des Teams relevanten und strukturell organisatorischen Aspekte praktisch berücksichtigen muß.

Am Beginn einer solchen Arbeit stehen die Auftragsgestaltung, davon ausgehend die Definition des Klientensystems und eines problembezogenen Settings (das nicht ausschließlich in regelmäßigen eineinhalbstündigen Sitzungen mit einem Team bestehen muß) – und das Einbauen der Möglichkeit, Auftragsgestaltung und Definition des Klientensystems nach Bedarf neu vorzunehmen.

Nun mag dies eine selbstverständliche Forderung an professionelles Vorgehen in der Supervision darstellen. Es ist als Forderung apodiktisch und ohne Anschauungsmaterial deshalb einleitend vorgetragen, weil das Fallbeispiel, welches das Anschauungsmaterial beisteuern soll, zeigt, wie leicht die Forderung dort bleibt, wo man sie bestenfalls hat, im Kopf. Die Schwierigkeiten, die sich in der Supervision ergeben, wenn man dieser Forderung nicht Folge leistet, lassen sich dann zwar nicht bewältigen, fallen aber als Auswirkung eines Versäumnisses, klare Eingangsverhältnisse zu schaffen, gar nicht auf. Sie können sehr leicht für die in die Supervision mitgebrachten Schwierigkeiten des Teams gehalten werden – und man kann in einem Rahmen, der nicht verrät, daß er angemessene Problemlösungen verhindert, sehr intensiv und gezielt an solchen arbeiten. Man merkt nicht, daß man dem Gruppen-Selbstmißverständnis des Teams erlegen ist. Es bleibt bloß das erwähnte Gefühl des Supervisors nach Abschluß der Supervision.

Doch nun zur dritten für Supervision in Organisationen wichtigen Fragestellung, welche zu unserem konkreten Fall überleitet.

1.3.2.3 Das „Produkt" der Organisation wirkt zurück auf ihr Selbstverständnis[9]

Die sorgfältige Beachtung dieses Punktes kann uns den (positiven) Sinn der Probleme, mit denen es Supervision in Organisationen zu tun hat, eröffnen. Ohne dieses Verständnis ist es oft schwer, erfolgreich zu arbeiten. Denn der Sinn eines auch noch so problematischen Verhaltens oder gewisser dysfunktionaler kommunikativer Abläufe stellt sich vor alle Versuche, die störenden Aspekte dieses Prozesses zu beseitigen. Er tut dies um so eher, je weniger die Aufmerksamkeit auf ihn gelenkt und seine Bedeutung anerkannt (nicht nur erkannt) wird.

Was heißt das in unserem Fall? Bei der Institution, in welcher die Teamsupervision durchgeführt wurde, handelt es sich um eine relativ junge Einrichtung, die von der öffentlichen Hand getragen

9 zu dieser Problematik vergleiche Schwarz (1995): Konfliktmanagement. Kapitel 6: Produktwidersprüche und Organisationskonflikte.

wird und als Verein organisiert ist. Ihr „Produkt" besteht in einer nicht einfachen Maßnahme: Aufgabe der Mitarbeiter, mehrheitlich Sozialarbeiter oder Angehöriger verwandter Berufe, ist das soziale Management in bestimmter Weise benachteiligter Personen. Die Mitarbeiter müssen für die Bewältigung derjenigen im Alltagsleben ihrer Klienten auftretenden Probleme Sorge tragen, welche diese nicht oder nicht ausreichend einer Lösung zuzuführen in der Lage sind. Sie lösen diese Probleme nicht selbst, sondern sie helfen, Lösungsmöglichkeiten zu organisieren. Sie leisten nicht selbst juristischen Beistand, wenn es um Rechtsangelegenheiten der Klienten geht, sondern sie organisieren einen solchen. Sie behandeln ihre Klienten nicht selbst medizinisch, psychotherapeutisch oder psychiatrisch, wenn dies nötig ist, sondern sie sehen zu, daß die Klienten betreut werden, usw.

Die Organisationsstruktur des Vereins sieht aus wie folgt: Er besteht aus mehreren dezentral angelegten Stationen oder Außenstellen (mit bis zu sieben Mitarbeitern, einem Leiter der Station und Sekretariat) und einer Zentrale (bestehend aus einem Geschäftsführer, welcher der öffentlichen Hand verantwortlich ist, einigen Mitarbeitern mit Stabsfunktionen und Sekretariat).

Ursprünglich gab es nur eine Station, die örtlich und organisatorisch nicht ausdrücklich von der Zentrale abgegrenzt war, auch keinen Leiter hatte, da der Geschäftsführer des Vereins diese Funktion mehr oder weniger selbst ausfüllte. Mehr oder weniger bedeutet, daß er sie eher weniger als mehr ausfüllen mußte, da die Mitarbeiter ihre Arbeit mit einem hohen Grad an Autonomie durchführten, einen Gutteil ihrer Zeit im Feld zubrachten, und sehr viel Arbeitsmotivation daraus bezogen, daß ein Minimum an Kontrolle über ihre Arbeit ausgeübt wurde.

Erst die Einrichtung zusätzlicher Außenstellen führte zu einer klaren Differenzierung zwischen Zentrale und der ersten Station und brachte es mit sich, daß in den Außenstellen die Funktion des Leiters eingeführt wurde.

Einige der Schwierigkeiten, deretwegen das Team dieser ältesten Station des Vereins um Supervision bemüht war, hängen mit der genannten Entwicklung zusammen. In ihrer Besonderheit verständlich werden sie allerdings erst, wenn man sich ansieht, was die Tätigkeit der Mitarbeiter charakterisiert und welche berufliche Haltung sie auszeichnet, wenn man also die Spezifika des „Produkts" dieser Organisation in der Rückwirkung auf die Organisationskultur genauer betrachtet. Das wollen wir nun tun.

Zur Erfüllung ihrer Aufgabe des sozialen Managements ihrer Klienten sind die Mitarbeiter ausgiebig mit den verschiedenen für ihre Klienten relevanten Institutionen befaßt. Im Reglement dieser Institutionen ist eine solche zusätzliche Sorge um einen Personenkreis, der, auf sich allein gestellt, nicht in der Lage ist, seine Rechte und Pflichten ihnen gegenüber wahrzunehmen, nicht vorgesehen. Die bürokratischen Barrieren im Umgang mit diesen Institutionen, die auch jeder Bürger oft schmerzlich erlebt, werden den Mitarbeitern des Vereins in einem besonderen Ausmaß vor Augen geführt. Denn erstens haben sie von Berufs wegen viel häufiger mit solchen Institutionen zu tun, und dies meistens in heikleren, schwierigeren Angelegenheiten als ein durchschnittlicher Bürger. Und zweitens erleben sie dadurch besonders deutlich, wie hilflos ihre Klienten den Institutionen gegenüber wären ohne ihren erfahrenen und trotzdem mühsam bleibenden Umgang mit diesen. Die professionelle Daueranstrengung darum, die Diskrepanz zwischen der Hilflosigkeit ihrer Klienten und den in Relation dazu noch massiver erscheinenden bürokratischen Barrieren zu überwinden, setzt bestimmte Haltungen voraus, die durch die Arbeit verstärkt werden.

Man kann sich vorstellen, daß die professionelle Einstellung eines engagierten Mitarbeiters geprägt ist und wird von einer Dauerbereitschaft zum Kampf gegen bürokratische (und in der Folge überhaupt gegen alle) Institutionen, deren Reglement gegenüber eine hohe Identifikation mit den Bedürfnissen der Klienten stattfindet. Das Erlebnis ist häufig das eines (edlen) im gefährlichen Dschungel der Institutionen durchgeführten Kampfes um die Rechte der Entrechteten. Mit der Erfahrung wächst die Flexibilität im raschen Einsatz verschiedener Taktiken, den Gegner zu umgehen, zu überlisten, zu unterwandern, ohne selbst entdeckt zu werden.

Man kann sich auch vorstellen, wie sich dieser für die professionelle Tätigkeit des Mitarbeiters sehr funktionale anitbürokratische Affekt auf ihre Haltung gegenüber der eigenen Institution auswirkt: Er ist extrem darauf bedacht, mit einem Minimum an formalisierter Organisation auszukommen, und vertraut auf die Möglichkeit flexibler und spontaner Lösungen für eventuell auftretende innerorganisatorische Schwierigkeiten. Er wünscht sich das Team als unterstützende und möglichst wenig bis gar nicht einschränkende „homebase" für die belastenden Kämpfe an der Klientenfront. Die Funktion des Stationsleiters möchte er ganz besonders darauf beschränkt wissen, die Autonomie der Mitarbeiter zu schätzen gegenüber den (aus der Arbeit im Feld ja sattsam bekannten) bürokratischen Tendenzen der Organisation.

Darüber hinaus gehört es zur Organisationskultur, die Vorgesetzten-Untergebenen-Verhältnisse im Verein und die damit verbundenen Befugnisse des Vorgesetzten den Mitarbeitern gegenüber möglichst nicht zu genau zu definieren. Überhaupt reagiert man mit Befremden und Widerstand auf jeden ohnehin organisationsintern nicht sehr wahrscheinlichen Versuch, verbindliche Regelungen aufzustellen – auch dort, wo man erfährt, daß ihr Fehlen einen Teil der Arbeit behindert.

Man kann sich also ausmalen, daß die Rückwirkung einer solchen für die Arbeit im Feld brauchbaren Einstellung auf die eigene Organisation (welche ja den Rahmen abgeben soll, der diese Arbeit absichert) zu dysfunktionalen organisatorischen Verhältnissen führt: Man findet sich in der paradoxen Situation, daß die Spontaneität, welche dazu dienen soll, die Arbeit möglichst effizient zu erledigen, innerhalb der Organisation zum Hindernis für das Erreichen dieses Zieles wird. So findet z.B. der Wunsch nach einem unterstützenden Team deshalb nur sehr unzureichende Erfüllung, weil dieses aufgrund der spontanen, flexiblen Zeiteinteilung seiner Mitglieder nur schwer zustande kommt. Eine freie individuelle Urlaubseinteilung führt dazu, daß die Freiheit aller, die gerade nicht auf Urlaub sind, mehr als extrem eingeschränkt wird, da es kaum möglich ist, die liegengebliebene Arbeit mehrerer Urlauber auf den Rest des Teams aufzuteilen. Diese und ähnliche Probleme sind uns in der Supervision begegnet und konnten mit einigem Erfolg bearbeitet werden. Es war einsehbar, daß die Freiheit jedes einzelnen Teammitgliedes an der Freiheit jedes anderen gewisse Grenzen haben mußte.

Nicht so leicht einsehbar war eine andere organisationsinterne Auswirkung des vorhandenen Berufsethos, die deshalb hervorgehoben werden soll, weil sich im Verlauf der Supervision immer klarer zeigte, daß sie das Hauptproblem des Teams darstellte. Als solches hat sie uns ausgiebig beschäftigt, allerdings mit vergleichsweise bescheidenem Erfolg. Gemeint ist das Problem der Funktion des Leiters der Station und die Art, wie das Team es vor Beginn unserer Supervision zu lösen versucht hatte.

Es wurde schon erwähnt, daß es sich um die älteste und ursprünglich einzige Außenstelle des Vereins handelte, die anfänglich nicht deutlich von der Zentrale abgegrenzt war. Der die fachliche Tätigkeit begleitende, wenn nicht charakterisierende antibürokratische und antihierarchische Affekt war in dieser Pionierphase des Vereins auch organisationsintern auf seine Rechnung gekommen. Die ursprüngliche Nähe des Teams zum Geschäftsführer, die einen eigenen Außenstellenleiter überflüssig gemacht hatte, erlitt mit dem Wachstum der Organisation, das heißt mit der Einrichtung zusätzlicher Außenstellen, wie schon oben angedeutet, einen Bruch. Die Zentrale blieb zwar gemeinsam mit der ersten Station in demselben Büro, rückte aber innerhalb von diesem deutlicher von ihr ab. Außerdem ließ sich mit der Einrichtung mehrerer dezentral angelegter Außenstellen eine Hierarchisierung der Organisation nicht mehr vermeiden: In allen Außenstellen wurde die Funktion des Leiters eingeführt.

Für die erste Station bedeutete dies etwas, was den neuen Außenstellen zu keiner Erfahrung werden konnte, weil sie den Zustand der Organisation vor ihrer eigenen Existenz nicht erlebt hatten: Es bedeutete eine Entfremdung, psychologisch gesprochen, eine Kränkung bzw. Entwertung, welche durch die Stellung, die sie als erste Station gegenüber den anderen einnahm, nicht gemildert wurde. Im Gegenteil, gerade diese Position und die mit ihr verbundene Erfahrung schuf das Problem: Der Vergleich mit dem früheren Zustand belebte den genannten antihierarchischen und antibürokratischen Affekt, der sich nun noch stärker gegen die eigene Organisation wendete.

Sind Entwicklungen, wie die hier durch das Wachstum der Organisation in Gang gekommenen, für die Pioniergruppe einer Organisation auch ohne jenen berufsspezifischen Affekt nicht leicht zu bewältigen, und mobilisieren starke Widerstände gegen eine befürchtete Bürokratisierung, so verstärkt dieser Affekt solche Tendenzen um ein Vielfaches.

Sehr eindrucksvoll war das an der Frage der Außenstellenleitung unseres Teams zu verfolgen. Dieses Team war das einzige, für das kein Leiter bestimmt wurde, sondern das aufgrund seiner bisherigen Leiterlosigkeit einen solchen aus seinen Mitgliedern wählen durfte.

Zunächst hatte es sich unter Berufung auf die bisherige, gut funktionierende Arbeitsweise und auf den miteinander geteilten basisdemokratischen Anspruch geweigert, einen Leiter zu wählen. Dies war vom Geschäftsführer nicht akzeptiert worden; also einigte man sich nach langer Diskussion auf einen Mitarbeiter, der versprochen hatte, von seiner Funktion nur insofern Gebrauch zu machen, als es um die Übernahme von lästigen und unangenehmen Koordinationsfragen bzw. um die Übernahme von liegengebliebener Arbeit ging. „Mistkübelfunktion" wurde das im Team genannt. Auf alle weiteren Leiterfunktionen, wie Kontrolle der Mitarbeiter, das Erteilen von Weisungen, bzw. die Vermittlertätigkeit zwischen Zentrale und Teammitgliedern hatte er feierlich Verzicht getan. Es war klar, daß die Kollegen sich ihre Angelegenheiten mit der Zentrale so wie bisher in direktem Kontakt regeln und sich auch sonst nicht „bevormunden" lassen wollten. Man hatte ihm also deshalb die Leiterfunktion überlassen, weil er zugesagt hatte, diese nicht wirklich wahrzunehmen.

Bewährt im Überlisten bürokratischer Regelungen im Dienste ihrer Klienten, hatten die Mitarbeiter eine gemeinsame Probe ihrer Fähigkeiten geliefert. Da es sich allerdings in diesem Fall nicht um den Dienst an ihren Klienten, sondern um ihre eigene Organisation handelte, erwies sich der Erfolg als ein Schuß nach hinten. Die Rückwirkung der beschriebenen berufsbedingten Haltung der Mitarbeiter auf die eigene Organisation war dysfunktional.

Die Supervision und ihre Problematik

Als sich zeigte, daß die Station in dieser Situation nicht besonders arbeitsfähig, dieser Sachverhalt aber nicht verständlich und bewältigbar war, da ja jeder der Mitarbeiter seine Arbeit wie bisher mit hohem Engagement verrichtete, bemühte sich das Team um Supervision. Man muß es genauer sagen: Das Team suchte nach einem neuen Supervisor. Es hatte bereits mit zwei Supervisoren gearbeitet, was nach Bericht des Teams sehr „anregend" gewesen war, die Problematik, in der es sich befand, jedoch nicht wirklich gelöst hatte. Der erste Supervisor hätte die organisatorische Problematik theoretisch sehr verständlich dargestellt, der zweite hätte mit großer Einfühlung an den teaminternen Konflikten gearbeitet, beides sei, wie gesagt, sehr lehrreich gewesen. Man meinte allerdings, die beiden hätten sich irgendwie – wie war nicht genauer zu eruieren – vom Team verführen lassen.

Mir wurde das alles bei einem Vorgespräch mit dem Team mitgeteilt. Gewitzt (wie ich meinte) durch diese Eröffnung und aufmerksam darauf, mich nicht ebenso verführen zu lassen wie meine Vorgänger, legte ich besonderen Wert darauf, zwei Punkte zu klären: Erstens stellte ich mein Konzept von Teamsupervision vor; zweitens achtete ich darauf, meinen Arbeitsauftrag und Arbeitsvertrag insofern korrekt zu gestalten, als ich mich an die für dieses Team geltende Differenz von Auftraggeber und Klient hielt.

1. Was mein Konzept betrifft, so hob ich hervor, daß es mir nicht so sehr um die gruppendynamische Austragung teaminterner Konfliktsituationen auf der Beziehungsebene gehen würde, auch nicht darum, dem Team eine theoretisch wohlfundierte Diagnose seiner institutionellen Situation zu vermitteln. Es sollte zwar in der Supervision an den erlebbaren Konflikten zwischen den Mitarbeitern, an den gemeinsamen Arbeits- und Kooperationsschwierigkeiten angesetzt werden. Diese würden aber eher als Symptome genommen werden, in denen sich ungelöste organisatorische Schwierigkeiten ebensowohl verstecken, wie sie darin auch zum Ausdruck kommen. Um deren Verständnis und adäquate Bewältigung sollte es gehen.

Wohlwollende Zustimmung ob dieser differenzierten Sicht war mir sicher, ich schien mich für das Team gleich zu Beginn angenehm von meinen beiden Vorgängern in der Supervision zu unterscheiden, was mir nicht nur verdächtig war (und mich deshalb die vorsichtige Feststellung tun ließ, daß man nicht sicher sein könne, ob dieser dritte Anlauf viel Neues bringen würde); es erschien mir darüber hinaus auch als ein guter Start für ein wahrscheinlich schwieriges Unterfangen. Und da ich gerade deshalb besonders sorgfältig in der Vertragsgestaltung sein wollte, hob ich diese als zweiten Punkt hervor.

2. Wir klärten also, daß mein Auftraggeber der Geschäftsführer, mein Klient aber das Team der Station war. Und ich stellte fest, daß es in dieser Situation notwendig sei, über das Arbeitsbündnis mit dem Team hinaus einen offiziellen Supervisionsauftrag vom Geschäftsführer des Vereins zu erhalten bzw. einen formellen Arbeitsvertrag mit ihm abzuschließen, in welchem die Zielsetzung der

Supervision und die Modalitäten ihrer Durchführung gemeinsam abgestimmt werden müßten.

Das Team meinte in unserem Vorgespräch, daß das zwar nicht notwendig wäre, denn es wüßte sich der Unterstützung des Geschäftsführers sicher: Er wüßte um die schwierige Lage dieser Station und wäre an einer Lösung ihrer Problematik interessiert. Es würde also genügen, wenn das Team ihm mitteilte, daß man mit mir zu arbeiten begonnen habe, und wenn ich meine Rechnungen für die geleistete Arbeit dem Team zur Weiterleitung an die Zentrale übergäbe. Wenn ich es aber in meiner Arbeitsauffassung für besser hielte, diesen Kontakt selbst aufzunehmen, so würde man das auch in Ordnung finden. Diese Art von Einverständnis des Teams mit meinem Wunsch, mich für den Abschluß meines Arbeitsvertrages an die formale Struktur der Organisation zu halten, wirkte auf mich wie die wohlwollende Rücksichtnahme auf eine zwanghafte Schrulle eines sonst akzeptablen Supervisors.

Das Gespräch mit dem Geschäftsführer ließ mich mein Befremden über diese Reaktion des Teams wieder vergessen. Er war nicht nur sehr unterstützend meinem Konzept von Teamsupervision gegenüber, er zeigte auch großes Verständnis für die Problematik der Station. Er wußte um die Schwierigkeit, welche die Entwicklung der Organisation für sie bedeutete. Er konnte sich einfühlen in die Kränkung, welche der unvermeidliche Verlust seiner ehemaligen Nähe zum Team darstellen mußte. Er verstand die Sorge des Teams, daß der Verein in der Folge seines Wachstums schrittweise verbürokratisiert werden würde. Er teilte diese Sorge und war wachsam, eine solche Entwicklung zu verhindern. Er wußte auch, daß bürokratische Kontrolle eine so sensible Arbeit wie die Teamsupervision behindern, wenn nicht gar unmöglich machen würde, da diese, um effektiv zu werden, eines geschützten Rahmens bedürfte, in dem Vertrauen und Intimität in bezug auf die Ergebnisse der institutionellen Selbstreflexion des Teams möglich ist. Aus diesem Grunde war es ihm selbstverständlich, sich nicht in die Supervision einzumischen oder Informationen über ihren Verlauf zu verlangen. Er hoffte, daß diese Einstellung und das dem Team damit entgegengebrachte Vertrauen es diesem erleichtern würde, sein Problem mit der Zentrale in der Supervision autonom zu bewältigen.

Ich war beeindruckt von dieser Haltung, in der ich nicht nur eine ungewöhnlich hohe Kooperationsbereitschaft, sondern eine ebenso ungewöhnliche Wertschätzung meiner Supervisionstätigkeit zu sehen vermeinte. Der formalen Absegnung eines ohnehin befürworteten Auftrages war Genüge getan. Ich hatte grünes Licht für die Arbeit mit meinem Klienten, dem Team.

Ich hatte die Vorstellung, daß dieses – wie ich meinte – sehr korrekte Vorgehen bei der Gestaltung des formellen Arbeitskontraktes mit dem Auftraggeber die Festigung eines positiven Arbeitsbündnisses mit dem Klienten fördern würde. Ich hielt es für eine gelungene Intervention, mit der ich dem Team nicht nur theoretisch angekündigt, sondern symbolisch-praktisch signalisiert hatte, daß es mir um seine Einbettung in die Organisation ging: um das Team als einen Teil der Organisation und nicht um eine autonome Gruppe, die allein an der Verbesserung der emotionellen Beziehungen ihrer Mitglieder interessiert war. Es war mir wichtig, daß dieses Konzept von Anfang an – und das heißt zunächst: in der Vertragsgestaltung – praktisch wirksam würde. Ich wußte um die Entlastungsfunktion, die dieses Konzept haben kann, wenn es nicht bloß bei seiner programmatischen Deklaration bleibt: Es ist ermutigend für die engagierte Mitarbeit des Teams an der Supervision, wenn man glaubwürdig darauf hinweisen kann, daß manifeste Probleme im Team nicht irgend jemandes Schuld, sondern den Niederschlag organisatorischer Widersprüche und Konflikte darstellen.

Die Kooperationsbereitschaft des Teams und des Geschäftsführers ging jedoch weit über die mögliche Wirkung eines solchen Entlastungseffektes hinaus. Man gab mir zu verstehen, daß ich zum Team als Supervisor passen würde; mit jedem Arbeitsschritt in der Supervision vermittelte man mir das Gefühl, diesmal mit mir wirklich die richtige Wahl getroffen zu haben. Man entwickelte gemeinsam mit mir ein Verständnis für die aus der Geschichte der Organisation heraus entstandene Problematik der Station. Man war gegenüber einer genauen Analyse der Außenstellenleiter-Frage aufgeschlossen. Man entdeckte in all dem zusätzlich den Niederschlag der professionellen Haltung der Mitarbeiter gegenüber den Institutionen, mit denen sie es im Dienste ihrer Klienten zu tun haben. Es wurde also verständlich, warum sich diesbezügliche Probleme im Team hartnäckig hielten.

Die Probleme hielten sich allerdings weiterhin recht hartnäckig – trotz engagierter Supervisionsarbeit. So blieb bis zum vereinbarten Ende der Supervision die Problematik der Funktion des Außenstellenleiters bestehen: Alle sahen z.B. ein, daß seine Funktion nur dann sinnvoll ausgeübt werden kann, wenn nicht alles immer im Konsens vereinbart werden muß, sondern wenn der Leiter darüber hinaus bestimmte Dinge notfalls allein entscheiden, bestimmen und auch delegieren kann. Doch über die wirkliche Befugnis dazu wollte man in einem basisdemokratischen Konsens des Teams befinden, der natürlich nie zustande kam. Man sah also ein, daß eine Organisation der Art, wie es der Verein war, wenig mit einer basisdemokratisch vorgehenden autonomen Gruppe gemeinsam hatte. Dennoch versuchte man, sich wie eine solche zu verhalten. Man entdeckte diese Diskrepanz und konnte viele Schwierigkeiten des Teams aus ihr ableiten; man verstand, daß es notwendig war, sie aufzuheben. Bei jedem Versuch, dies zu tun, stellte sie sich wieder her.

Daß ich die Schienen zur Dauerhaftigkeit dieser Problemfahrt mit meiner Art der Auftragsgestaltung, auf deren Korrektheit ich so stolz war, gelegt hatte, blieb mir allerdings verborgen. Daß ich also tatsächlich deshalb besser zum Team paßte, als es einer erfolgreichen Supervision zuträglich war, weil ich mit ihm in seinem Grundwiderspruch befangen blieb, war für mich nicht sichtbar.

Mein Vorgehen bei der Vertragsgestaltung sollte doch gerade dazu dienen, dem Gruppenselbstmißverständnis des Teams von Anfang an entgegenzuwirken. Mit meiner ersten Intervention wollte ich die Organisationsbezogenheit der Supervision praktisch fundieren: Ich hatte mich an die formale Organisation gehalten und dies in unserem Fall deshalb für besonders wichtig erachtet, weil die Schwierigkeiten der Station in ihrem Unverständnis gegenüber der formalen Organisation lagen. Es war mir klar, daß ein Schwerpunkt der Supervision in der Erarbeitung eines Verständnisses für die organisatorischen Bedingungen der Arbeit liegen mußte – eines Verständnisses, das für die Gestaltung der organisationsinternen Abläufe praktisch wirksam sein sollte: Es mußte um die Relativierung der Ideologie gehen, daß die Station als eine autonome Gruppe agieren kann, die sich den Rahmen ihrer Arbeit selbst absteckt – einer Ideologie, die, wie es schien, ursprünglich vor Gründung weiterer Außenstellen vom Geschäftsführer unterstützt worden war. Es mußte um die Abgrenzung der Station von der Zentrale und um die Gestaltung einer formellen Beziehung zu dieser gehen. Die Anerkennung der Tatsache, daß die Station eine Organisationseinheit

45

neben anderen war und daß sie durch eine hierarchische Stufe in Form der Funktion des Außenstellenleiters mit der Gesamtorganisation in Verbindung stand, erschien mir ebenso von Bedeutung. Ich konnte auch antizipieren, daß es im Laufe der Arbeit an diesen Fragen in der Supervision wichtig sein würde, mit dem Team zu einem organisationsbezogenen Verständnis der Kränkung zu finden, die ihm durch die Entwicklung der Organisation zugefügt worden war.

Genau aus diesen Gründen also hatte ich die deutlich ausgesprochene Einladung des Teams ausgeschlagen, doch auf den formellen Kontakt mit dem Geschäftsführer zu verzichten und es beim Arbeitsbündnis mit dem Team bewenden zu lassen.

Für mich unerkannt, hatte die formale Vertragsgestaltung allerdings die Gruppenideologie, der sie entgegenwirken sollte, nur noch befestigt. Das beschriebene kooperative Verhalten des Geschäftsführers, der erklärte, sich nicht in die Supervision einmischen zu wollen, war die formelle Absegnung des Selbstmißverständnisses der Organisationseinheit als autonome Gruppe durch die Spitze der Organisation – gegeben in der besten Absicht, die Organisation effizienter zu machen und zu stärken. Genauer gesagt: es wurde zu einer solchen Absegnung dadurch, daß ich es fraglos akzeptierte, obwohl mir beim Gespräch mit dem Geschäftsführer bereits klar war, daß ein zentraler Aspekt der Problematik der Station in der Diskrepanz zwischen informell gepflegter Beziehung zur Zentrale und entwerteter formeller Organisationsstruktur lag.

Hätte ich, wie es meine Absicht war, wirklich darauf bestanden, der formellen Struktur zu mehr Wirksamkeit zu verhelfen, so hätte ich die Beziehung der Station zur Zentrale in das Setting der Supervision einbauen müssen. Ich hätte das z.B. dadurch tun können, daß ich es mir auferlegte, dem Geschäftsführer regelmäßig über unsere Sitzungen zu berichten und mit ihm abzuklären, welche Konsequenzen bestimmte Vorgehensweisen der Station für ihre Integration in der Organisation hätten. Ich hätte z.B. im Rahmen der Supervision auch regelmäßige Treffen zwischen Station und Geschäftsführer vorsehen können oder Miniklausuren, bei denen die Problematik zwischen beiden hätte Gegenstand der Arbeit sein sollen. Zumindest hätte ich in Frage stellen müssen, ob angesichts der mir vorgestellten Problemlage die gewünschte Teamsupervision die adäquate Form der Beratung ist.

Statt dessen nahm ich die Zusage des Geschäftsführers, sich nicht in die Supervision einzumischen, als günstige Voraussetzung für meine Arbeit; ich akzeptierte das vom Team vorgesehene, vom Geschäftsführer bestätigte und unterstützte Arrangement. Eben damit machte ich das Kooperationsangebot des Geschäftsführers zu etwas anderem, als was es hätte sein sollen oder können. Ich machte es zu einer undurchschauten, heimlichen Koalition des Geschäftsführers mit dem Team der Station, zu einer Koalition der Verleugnung der Organisation als Organisation zugunsten der Illusion der Autonomie eines sich ohnehin als autonome Gruppe mißverstehenden Subsystems der Organisation. Ich war ein Drahtzieher dieser Koalition, anstatt daß ich sie durch ein geeignetes Setting der Supervision zum Thema machte.

Mit meinem Einverständnis war klar, daß ich in dieser Ideologie mitgefangen war und daß die Supervision keine Gefahr in Richtung Festigung der formellen Organisation werden konnte – selbst dann nicht, wenn sie sich um dieses Thema drehen würde. Ja, gerade weil diese Gefahr durch Vertragsgestaltung und Setting gebannt war, konnte sich die Supervision so ausgiebig, scheinbar kooperativ und lernträchtig mit diesen Fragen inhaltlich befassen, ohne daß dies zu den befürchteten Konsequenzen praktischer Art geführt hätte.

Ich führte die Supervision genau in dem Widerspruch zwischen meiner deklarierten Organisationsbezogenheit und meinem heimlichen, aber sehr wirksamen Zugeständnis an die Gruppenideologie der Organisation durch.

Die für das „Produkt" der Institution funktionale Haltung der Mitarbeiter und Vorgesetzten hatte nicht nur in Rückwirkung auf den Umgang mit der eigenen Organisation diejenigen Probleme mitgeschaffen, deretwegen man um Supervision bemüht war – sie hatte sich auch von Anfang an in der Supervision (durch mein Mittun) gegen meine anders gearteten Intentionen durchgesetzt. Die Versiertheit dieser Organisation im Überlisten von Organisationsstrukturen und deren handlungsleitenden Funktion hatte auch meine professionelle Kompetenz im Durchschauen dieser List noch einmal überlistet.

Anläßlich einer Veranstaltung hatte ich diese Supervision als Fall deshalb vorgestellt, weil mich mein eingangs geäußerter Zweifel bezüglich ihrer Wirksamkeit beschäftigte. Dort wurde mir nicht nur ihre hier beschriebene Problematik verständlich, es wurde mir auch ein Trost zugesprochen, den ich abschließend mitteilen möchte. Man sagte mir, daß ich möglicherweise mit „professionellem Instinkt" den richtigen Fehler gemacht hatte. Nur weil ich das Team, und mehr noch die Organisation, nicht gefährdet habe, sondern mit ihrer dominanten Ideologie mitagiert habe, wäre es möglich gewesen, mit dem Team an einem Verständnis für die Diskrepanz zwischen Gruppenideologie und organisatorischen Anforderungen zu arbeiten. Dieses Verständnis blieb zwar zunächst praktisch wirkungslos, sei aber eine wichtige Vorbereitung für einen möglichen nächsten Schritt in der Entwicklung eines adäquaten praktischen Selbstverständnisses. Wäre ich der Organisation und dem Team nicht in die Falle gegangen und hätte meine Intention auch im Setting versucht zu fundieren, so hätte man sich vielleicht gleich von mir getrennt. Mich hat das nicht ganz überzeugt, aber gut hat es mir getan.

2. Supervision und organisatorische Selbstreflexion

Gegenstand des vorigen Kapitels war die allgemeine Schwierigkeit, Organisationen in ihrer Eigendynamik als unterschieden und nicht ableitbar von anderen sozialen Systemen wahrzunehmen. Es sollte gezeigt werden, wie brauchbar es in der Supervision ist, wenn es gelingt, diesen Unterschied zu machen, und wohin man gelangt, wenn es nicht gelingt.

Nun soll, soweit dies für die Supervision von Belang ist, die Bewegung hervorgehoben werden, in der sich moderne Organisationen heute befinden. Erst diese Bewegung ist es, welche die Wahrnehmung jenes Unterschieds, also die Entwicklung von Organisationsbewußtsein unentbehrlich macht für die Handlungsfähigkeit von und in Organisationen. Es soll beleuchtet und wieder mit Beispielen belegt werden, was der Supervision dabei abverlangt wird und welche Rolle ihr in Organisationen zuwächst.

2.1 BEOBACHTUNGEN UND THESEN

Die Supervisionsszene ist in einer rasanten Entwicklung begriffen, die durch mehrere Eigenheiten gekennzeichnet ist. Professionalisierungsansprüche[1] werden ausdifferenziert und in die Höhe geschraubt, Berufsverbände[2] werden gegründet, Aus- und Fortbildungen werden allerorten vermehrt angeboten. Wenn man die Fülle von Publikationen der letzten Jahre sichtet, so nehmen nicht nur die verschiedenen Aspekte, denen man sich in der Reflexion über Supervision widmet, beeindruckend zu,[3] man findet neuerdings vermehrt

1 zur Professionalisierung von Supervision s. *Supervision*, Sammelband 3, Heft 1.
2 zur Berufspolitik s. *Supervision* (1989), Heft 16.
3 vergleiche dazu Pühl (1994)

schulbezogene Versuche, eine theoretische Fundierung für diese Form beraterischer Praxis zu konstruieren,[4] von systemischen (Schumacher 1995) und psychoanalytischen (Pühl u. Schmidbauer 1991) – bis zu sogenannten integrativen Konzepten (Petzold 1995).

Was den Arbeitsgegenstand der Supervision betrifft, so ist am auffallendsten, daß sich die Aufmerksamkeit mehr und mehr der Supervision in Organisationen zuwendet. Nicht daß die inzwischen gut etablierten traditionellen Formen der Supervision an Bedeutung abnehmen (gemeint ist damit die Supervision einerseits als Teil der Aus- und Fortbildung in vielen beratenden und helfenden Berufen, andererseits die Supervision als Methode der diese Berufe begleitenden Problemberatung); im Gegenteil, diese Formen der Supervision sind fest verankert im Bild der Berufe. Darüber hinaus vermehren sich, wie eingangs erwähnt, die Professionen, in denen der Gestaltung und Steuerung beruflicher Interaktion erhöhte Aufmerksamkeit geschenkt wird. Zur Aus- und Fortbildung von Lehrern, Managern, Beamten, Richtern usw. gehört immer häufiger ein Angebot von Supervision ihrer Praxis. Wir werden noch sehen, daß auch diese Entwicklung eine Folge der Prozesse darstellt, denen Organisationen heute unterworfen sind. Dennoch liegt der Schwerpunkt dieser gut etablierten Formen der Supervision auf der Reflexion der beruflichen Interaktionen, wobei die Eigendynamik der Arbeitsbeziehungen im Vordergrund steht, nicht so sehr die organisatorischen Zusammenhänge. Diese werden erst in letzter Zeit vermehrt angesprochen (siehe Kapitel 1.3).

Daß das Thema Supervision in Organisationen immer aktueller wird, kann wohl nicht daran liegen, daß die Supervision auf dem Weg ihrer Professionalisierung und auf der Suche nach attraktiven, prestigeträchtigen Arbeitsfeldern nun die Organisation entdeckt hat und im Wettbewerb der beratenden Berufe deshalb dort erfolgreich ist, weil sie sich als die billigere Form der Organisationsberatung anbietet (Buchinger 1992a). Manchmal wird ein derartiger Verdacht von Organisationsberatern geäußert, welche die steigende Nachfrage nach Supervision in Organisationen dann mit Skepsis verfolgen, wenn sie mit dem Anspruch der Supervision verbunden wird, einen eigenen Beruf darzustellen. (Es bestehen deshalb Versuche, Supervision als eines von mehreren Instrumenten der Organisa-

4 dazu auch: Fatzer u. Eck (1990)

tionsberatung zu konzipieren; und manchmal schlagen die Supervisoren selbst in diese Kerbe, als würde ihre Tätigkeit durch die Nähe zur Organisationsberatung tatsächlich aufgewertet.)

Auch wenn man diese Frage nach der beruflichen Eigenständigkeit von Supervision hier offen läßt, so fällt doch ein Mehrfaches auf, wenn man die explodierende Nachfrage nach Supervision in Organisationen betrachtet:

– Es geht lange nicht mehr nur um Teamsupervision. Entscheidungsträger aller organisatorischen Ränge lassen ihre Arbeit supervidieren. Sensible Arbeitsbeziehungen in Organisationen unterziehen sich der Supervision ebenso wie die Beziehungen zwischen Organisationseinheiten bzw. zwischen Organisationen, in denen Konkurrenz und Kooperation miteinander verbunden werden muß, und ähnliches mehr.

– Die großen Organisationsberatungsprojekte werden annähernd in derselben Proportion weniger nachgefragt, in der die Nachfrage nach Supervision in Organisationen steigt. Es scheint, als würde Supervision mit Aufgaben betraut oder, sagen wir vorsichtiger, in die Nähe von Aufgaben gerückt, die traditionellerweise solche der Organisationsberatung waren. Dennoch sind die Unterschiede deutlich:

– Die aufwendigen Organisationsprojekte hatten eher einer zwar groß angelegten, aber doch einmaligen Veränderung und Modernisierung der Strukturen, der internen Abläufe, des Arbeits- und Führungsverhaltens von Organisationen gedient – alles sorgfältig durchgeführt, besonderes Augenmerk dabei dem Implementierungsprozeß als sozialem Prozeß gewidmet – dann aber sollte die wiederum stabile Organisation den Anforderungen der nächsten Jahrzehnte gewachsen sein. Supervision in Organisationen hingegen begleitet häufiger laufende Veränderungen, flexible, organisatorisch nicht oder nicht ausreichend abgesicherte interne Prozesse.

– Schließlich wird die Supervision in Organisationen immer häufiger nicht nur als Methode der Problemberatung eingesetzt, sondern schlicht zur Reflexion der laufenden Arbeit nachgefragt, scheinbar ohne besonderen äußeren Anlaß. Der Organisationsberatung ist ein Einsatz dieser Art eher fremd.

Um diese Entwicklung besser zu verstehen und um herauszufinden, welcher Kompetenzen es bedarf, um den neuen Anforderungen an die Supervision gerecht zu werden, wollen wir der Frage nachgehen, was Organisationen derartig anfällig werden läßt für Supervision.

Es geht dabei nicht um die Entwicklung einer umfassenden beratungsorientierten Theorie komplexer moderner Organisationen in unserer heutigen gesellschaftlichen Umwelt. Dazu liegt Literatur vor (Attems 1989; Wimmer 1992; Fatzer 1993; Luhmann 1981; Grossmann, Krainz u. Oswald 1995; Wilke 1993 u. 1994; Senge 1996). Von dieser lassen sich meine Ausführungen zwar leiten, dennoch liegt ihr Fokus auf dem, was für Theorie und Methodik von Supervision in Organisationen relevant ist.

Thesenhaft sei das Ergebnis der folgenden Überlegungen zusammengefaßt:

1. Organisationen sind in den letzten Jahrzehnten schrittweise in eine Bewegung geraten, in deren Verlauf sich die traditionellen Vorstellungen von Organisation zunehmend auflösen.

2. Traditionell waren Organisationen durch dauerhafte Installierung von Strukturen gekennzeichnet, die es den Mitarbeitern erlaubten, sich innerhalb dieser nur auf die fachliche Tätigkeit zu konzentrieren. Heute sind sie durch Prozesse charakterisiert, die erstens institutionell wenig abgesichert sind und sich zweitens in dauerhafter Veränderung und Entwicklung befinden. Diese ziehen einen Gutteil der professionellen Aufmerksamkeit auf sich. Auf immer mehr Ebenen in der Organisation müssen Mitarbeiter zusätzlich zu ihrer fachlichen Aufgabe die Steuerung interner Prozesse und solcher des Austausches mit der Umwelt der Organisation eigenständig wahrnehmen.

3. Zu Beginn dieser Entwicklung gelang es den Organisationen noch, dem sich abzeichnenden Veränderungsdruck durch eine einmalige, nötigenfalls umfassendere Maßnahme der Modernisierung ihrer internen Verhältnisse gerecht zu werden. Die Kompetenz zur Installierung der Veränderung, zur Steuerung und Begleitung der dabei nötigen Prozesse brauchte nicht Teil des Repertoires zu sein, über das die Organisation intern verfügen mußte. Es wurde an externe Experten ausgelagert. Organisationsberatung entstand als Beruf, die großen Organisationsprojekte kamen in Mode.

Der heutige Zustand des permanenten Wandels zwingt die Organisationen hingegen zunehmend dazu, die Kompetenzen zu seiner Bewältigung intern selbst zu verwalten. Das ehemals Großartige, Einmalige, Einschneidende, der Organisation fremd Bleibende der Veränderungsmaßnahmen ist längst heruntergebrochen auf viele Ebenen und zum Teil des normalen Arbeitsalltags geworden.

4. *Dieser Prozeß verlangt die Verankerung von Organisationsbewußtsein und organisatorischer Selbstreflexion in der Organisation als Bedingung ihrer Handlungsfähigkeit.* Die Fähigkeit organisatorischer Selbstreflexion wird in der nächsten Zukunft zum Alltagsrepertoire von Entscheidungsträgern gehören. Da diese Selbstreflexion zu einem Teil des beruflichen Alltags gehören wird, verlangt sie nach institutionell abgesicherten Orten ihrer Durchführung.

5. Supervision erscheint als geeignetes Instrument, die dazu nötigen Kompetenzen zu vermitteln. Sie dient in Organisationen immer mehr dem Erwerb, der Vertiefung und Erhaltung bzw. Wiederherstellung dieser Kompetenzen. Sie gelangt deshalb nicht mehr nur im Dienste der Reflexion und Bearbeitung entstandener Probleme (im Sinne ihrer Beseitigung) in Organisationen zum Einsatz, sondern immer häufiger auch ohne akuten Problemdruck. Die Gesamtsituation, welche nach organisatorischer Selbstreflexion bzw. Entwicklung von Organisationsbewußtsein verlangt, ist Problem genug.

6. Supervision hilft nicht nur, soziale Kompetenz zur Steuerung von berufsbezogenen Interaktionen zu erwerben und zu erhalten; in Organisationen muß sie darüber hinaus Organisationsbewußtsein vermitteln zur Ermöglichung organisatorischer Selbstreflexion, die sie anregt und begleitet:

Supervision ist in Organisationen nicht nur ein Instrument arbeitsbezogener Selbstreflexion beruflicher Interaktionen, sie ist ein Instrument organisatorischer Selbstreflexion.

Was heißt das nun im einzelnen?

2.2 WAS IST ORGANISATORISCHE SELBSTREFLEXION?

Der Fokus, unter dem wir uns im folgenden die Bewegung ansehen wollen, in welche moderne Organisationen geraten sind, liegt also in der Hervorhebung einer Anforderung an Organisationen, die ihnen traditionell fremd ist: organisatorische Selbstreflexion basierend auf Organisationsbewußtsein (Buchinger 1991b). Damit ist folgendes gemeint:

1. Die Steuerung organisatorischer Abläufe mittels gezielter und gestalteter Reflexion dessen, was abläuft oder ablaufen soll. Die Reflexion der Abläufe ist nicht etwa eine erlaubte oder unerlaubte, müßige Begleitmusik, die stattfinden kann oder nicht, weil die Abläufe auch ohne sie zum erwünschten oder vorgegebenen Ziel führen. Sie ist eine Voraussetzung für die Erreichbarkeit des Ziels. Sie ist Teil der Arbeit, die notwendig ist, um ans Ziel zu kommen. Allerdings handelt es sich dabei um eine Arbeit, die anders geartet ist als das, was sie reflektiert, und deshalb in einem gewissen Gegensatz dazu steht.

2. Diese Reflexion wird durchgeführt von den Trägern des Prozesses, der reflektiert wird. Dabei kann es sich um einen Professionellen der jeweils auszuübenden Tätigkeit in der Organisation handeln, um einen Entscheidungsträger bzw. eine Gruppe von Entscheidungsträgern. Aber auch ganze Organisationseinheiten oder Teams können sich veranlaßt sehen, die Arbeitsabläufe, für die sie verantwortlich sind, und die Prozesse, in die diese Abläufe eingebettet sind, laufend mitzureflektieren, um überhaupt handlungsfähig zu sein oder zu bleiben. Die Träger der Reflexion sind gleichzeitig Teil der reflektierten Situation, Träger der Tätigkeit, die der Reflexion unterzogen wird. In diesem Sinne verwende ich den Terminus Selbstreflexion. (Er ist deshalb ohne Erläuterung mißverständlich, weil er individuelle Selbstreflexion von Personen nahelegt.)

Organisatorische Selbstreflexion verlangt daher ein hochsensibles Gleichgewicht von Beteiligung an einem Prozeß einerseits und seiner Beobachtung andererseits, also ein hohes Ausmaß an *Distanzierungsfähigkeit-in-Beteiligung* (Elias 1983). Die Beobachtung und Reflexion setzt Beteiligung voraus, die Beteiligung setzt ihrerseits die Beobachtung voraus.

Diese Balance ist heikel und störanfällig, verlangt nach ihrer Professionalisierung und immer wieder nach Unterstützung. Es wundert daher nicht, wenn dort, wo organisatorische Selbstreflexion nötig wird, ein Instrument in Anspruch genommen wird, das traditionell der Begleitung einer ähnlich heiklen Balance in Arbeitsbeziehungen außerhalb von Organisationen gedient hat: Supervision. Sie muß für die Besonderheit organisatorischer Selbstreflexion allerdings adaptiert werden.

3. Diese „Adaptierung" geschieht durch *die Ausbildung von Orga-*
nisationsbewußtsein, also die Entwicklung einer Fähigkeit, in Strukturen
und Prozessen organisatorischer Art zu denken und zu diagnostizieren,
und nicht bloß in Kategorien von Personen und ihrer Beziehungen.

Diese Fähigkeit soll mittels der Supervision in Organisationen
den Supervisandensystemen vermittelt werden, sie muß daher in
der Supervision selbst entsprechend verankert sein. Beides, Organisationsbewußtsein und organisatorische Selbstreflexion, stellt keine Selbstverständlichkeit dar. Im Gegenteil, es handelt sich um Anforderungen, die in Organisationen deshalb kaum verankert sind,
weil sie traditionellerweise nicht nötig waren; und weil es hier, wie
überall, einen Nachhinkeffekt gibt in der Entwicklung von angemessenen Instrumenten zum Verständnis von sich rasch verändern-
den gesellschaftlichen Sachverhalten (Elias 1987). Eben deshalb finden sie auch in der Supervision erst mit der zunehmenden Nachfrage in Organisationen Eingang.

2.3 EINFACHE UND KOMPLEXE ORGANISATIONEN

Die Hypothese, die ich hier zugrunde lege, lautet: Einfache Organisationen bedürfen der organisatorischen Selbstreflexion als einer
hoch vermittelten und systematisch in den Arbeitsalltag eingebauten Tätigkeit nicht. Der Bedarf danach tritt erst allmählich und
schrittweise mit dem Komplexerwerden von Organisationen auf.

Unsere Gesellschaft befindet sich in einem Zustand, in dem die
einfachen Organisationen, welche lange Zeit das Bild der Organisationslandschaft beherrschten, aussterben. Dennoch bleibt die
Tendenz bestehen, mit den Mechanismen, die uns aus einfachen
Organisationen vertraut sind, die Vorgänge in komplexen Organisationen zu verstehen und zu steuern. Wir begegnen daher erheblichen Schwierigkeiten, organisatorische Selbstreflexion als angemessenes Steuerungsinstrument in Organisationen zu verankern. Es
sind Schwierigkeiten, die es zu verstehen gilt, wenn man Supervision in Organisationen durchführt. Es sind Schwierigkeiten, zu
deren Verständnis die im vorigen Kapitel angeführten Hindernisse,
Organisation als soziales System mit spezifischer Eigendynamik
wahrzunehmen, allein nicht ausreichen. Wir wollen uns in der Folge einem solchen Verständnis in mehreren Schritten annähern.

2.3.1 Was meine ich mit *einfachen Organisationen?*

Wenn ich von einfachen Organisationen spreche, so meine ich nicht, daß es wirklich Organisationen gibt, die einfach sind im Sinne einer trivialen Maschine (V. Foerster 1985; Buchinger 1994a). Jede Organisation ist ein komplexes, nichttriviales Gebilde, wie einfach und überblickbar sie auch immer in Erscheinung tritt. Dennoch macht es einen Unterschied aus, ob Organisationen so gestaltet sind, daß es ihnen gelingt, ihre Komplexität in einer Weise zu reduzieren, die es erlaubt, sie in der Gestaltung und Durchführung der Arbeitsprozesse ganz oder größtenteils zu ignorieren. Oder ob sie auf die Entwicklung von Methoden, Strukturen, Arbeitsinstrumenten und Haltungen angewiesen sind, die es gestatten, auf ihre nicht mehr ignorierbare interne Komplexität Bezug zu nehmen. Im ersten Fall spreche ich von einfachen, im zweiten von komplexen Organisationen.

Zu den ersten zähle ich derart gegensätzliche Organisationsformen wie den *patriarchalisch geführten familialen Kleinbetrieb,* der nach dem Muster des nahezu der Vergangenheit angehörigen Handwerksbetriebs oder kleiner korporativer Einheiten aufgebaut ist; und *die klassische Hierarchie,* die zwar viel komplizierter aufgebaut, aber deshalb in ihren Strukturen noch lange nicht komplex ist.

Zu den *komplexen Organisationen* zähle ich alle Organisationen, die mit den Funktionsprinzipien der beiden genannten Formen nicht mehr das Auslangen finden, aber auch nicht ganz auf sie verzichten können, jedoch zusätzlicher organisatorischer Realitäten bedürfen, welche dazu führen, daß alles in Bewegung gerät.

Die einfachen Organisationen stellen Antworten auf stabile Umwelten dar, die als solche in ihrer Eigenart gar nicht in Erscheinung zu treten scheinen. Die komplexen Organisationen haben mit Umwelten zu tun, die es verlangen, daß ihre häufig auftretenden Veränderungen in der Organisation immer wieder neu beantwortet werden.

2.3.1.1 Der patriarchalisch familial geführte kleine Betrieb

Wodurch ist diese Form der einfachen Organisation gekennzeichnet?

1. Der für die Arbeit notwendige organisationsinterne Austausch zwischen den Mitarbeitern geschieht in *direkter Kommunikation.* Da jeder den unmittelbaren kommunikativen Zugriff zu allen anderen

hat, wird es kaum elaborierter organisatorischer Maßnahmen bedürfen, um etwa auftretende Probleme eines organisationsinternen Kommunikationsflusses zu lösen. Das wird ebenfalls in direkter Kommunikation geschehen können.

2. Mit der direkten Kommunikation als Organisationsprinzip sind der *Größe* dieser Form von Organisation enge Grenzen gesetzt. Die Anzahl der Mitarbeiter darf nicht viel über Gruppengröße hinausgehen. Andernfalls würde der Aufwand, der nötig wäre, um die direkte Kommunikation als das Medium der organisationsinternen Vernetzung aufrechtzuerhalten, so groß, daß er deren Vorteile überwiegen würde.

3. Die durch die direkte Kommunikation ermöglichte Transparenz über die Gesamtheit der organisationsinternen Prozesse wird auch durch ein zweites Charakteristikum gewährleistet. Es besteht in einem *geringen Ausmaß an institutionalisierter Spezialisierung* und damit verbunden in einem *ebenso geringen Ausmaß an irreversibler Arbeitsteilung*. Idealtypisch arbeitet jeder an einem – und zwar mehr oder weniger an dem gleichen – ganzen Produkt in ganzheitlicher Art und Weise. Man kann dabei füreinander einspringen. Zwar mag es Ansätze von interner Spezialisierung geben, beruhend auf den Vorlieben der Mitarbeiter bzw. ihrem besonderen Geschick. Dennoch kann sich jeder die besondere Kompetenz des anderen im Laufe der Arbeit ohne allzugroße Schwierigkeiten erwerben. Auch wenn sich im Rahmen einer unvermeidlichen Arbeitsteilung unterschiedliche Funktionen herausbilden, so sind diese meist in höherem Ausmaß noch austauschbar.

4. War die Voraussetzung für die direkte Kommunikation als Organisationsprinzip die geringe Anzahl der Mitarbeiter, so ist die Voraussetzung für die geringe interne Spezialisierung die *Überschaubarkeit des Produkts*. Es darf nicht so komplex sein, daß es nicht mehr möglich ist, alle Qualifikationen, die nötig sind, um es zu erstellen, in einer Person zu vereinigen. Es kann sich um ein Produkt handeln, das hohe professionelle Kompetenz verlangt, wie z.B. ärztliche Tätigkeit, Steuerberatung oder ähnliches. Dennoch darf der Fall nicht eintreten, daß verschiedene Spezialisten zu seiner Erstellung irreversibel aufeinander angewiesen sind. Sonst handelt es sich, wie wir später noch sehen werden, auch bei entsprechender Kleinheit des Systems, nicht mehr um den hier vorgestellten Typ der einfachen Organisation.

5. Ein weiteres Charakteristikum stellt die Führungssituation dieser Form von Organisation dar. Wenn man von Führungsfunktion spricht, so nimmt man Maß an komplexeren, größeren Betrieben und meint denjenigen „Ort", an den die Aufgaben organisatorischer Selbstreflexion delegiert werden, auch wenn sie dort allein nicht mehr adäquat wahrgenommen werden können. In diesem Sinn kann hier nur rudimentär von Führung gesprochen werden. Mit organisatorischer Selbstreflexion hat sie kaum zu tun. Ihr Hauptaugenmerk wird auf den quantitativen und qualitativen Aspekten der zu leistenden fachlichen Arbeit liegen.

Die Führungskraft, im idealtypischen Fall identisch mit dem Gründer und Inhaber der Organisation, wird ihre primäre Qualifikation meist auf dem Gebiet haben, auf dem die Organisation tätig ist. Sie wird die Erfüllung der entsprechenden fachlichen Aufgaben als ihre eigentliche Arbeit ansehen. Ihre Autorität wird sie daraus ziehen, daß sie die qualifizierteste Fachkraft ist, zumindest wird das von ihr gefordert werden. Sie wird daher für sich beanspruchen, die schwierigsten Arbeitsfälle und mit ihnen Vorbildfunktion zu übernehmen. Wenn sie ihre Führungsaufgabe nicht überhaupt als lästige Ablenkung ansieht, dann wird sie diese darauf beschränken, die Arbeit unter den Mitarbeitern entsprechend aufzuteilen und ihnen für fachliche Anfragen zur Verfügung zu stehen bzw. die Erledigung der Aufgaben zu kontrollieren.

Aktivitäten im Bereich der Motivation und der Herstellung von günstigen emotionellen bzw. kooperativen Arbeitsbedingungen können nebenher, sozusagen mit der linken Hand und einem „Gefühl für Menschen" wahrgenommen werden. Sie bedürfen keiner professionell geschulten Kompetenz: Man kann sich an das halten, was man aus der primären Gruppe, also aus der Familie an sozialen Wahrnehmungs- und Verhaltensmustern kennt.

Aus den genannten Gründen wird in dieser Form der Organisation eines der emotionell unangenehmsten Charakteristika von Organisationen kaum wahrnehmbar: ihre mangelnde *Personenbezogenheit*. Zwar sind auch in dieser Organisation die Mitarbeiter deshalb Mitglieder, weil sie eine Funktion erfüllen sollen, und nicht, weil sie nette Menschen sind. Dennoch ist ihre Personenbezogenheit wegen der vielen soeben aufgezählten Gruppen- bzw. Familiencharakteristika größer als in anderen Formen der Organisation.

Organisatorische Selbstreflexion wird in der beschriebenen Situation nicht benötigt. Die Organisation ist derart überschaubar, verfügt über einen derart geringen Grad an Formalisierung von festgelegten Strukturen, daß sie als solche gar nicht auffällt, geschweige denn zum Gegenstand einer Reflexion gemacht werden muß, die einen eigenen Teil der innerbetrieblichen Arbeit ausmachen sollte. Arbeit heißt hauptsächlich Arbeit am Produkt der Organisation. Alles andere, insbesondere die Organisation selbst, tritt demgegenüber in den Hintergrund. Qualifikation und Kompetenz heißt in diesem Fall fachliche Spezialkompetenz und nicht soziale Kompetenz oder Fähigkeit zu organisatorischer Selbstreflexion.

Supervision wird hier kaum aus Gründen der Organisation und ihrer Dynamik nachgefragt werden, wird daher ohne Organisationsbewußtsein auskommen. Wo sie nicht Fallsupervision ist (z.B. in einer Praxisgemeinschaft von Therapeuten oder Supervisoren bzw. in einer kleinen Beratergruppe), wird sie mit gruppendynamischen Problemen befaßt sein.

2.3.1.2 Die Hierarchie

Die klassische Form der Hierarchie ist den meisten der genannten Punkte der soeben beschriebenen Form von einfacher Organisation entgegengesetzt. Dennoch kann sie von ihrer Struktur her als einfache Organisation angesehen werden. Organisatorische Selbstreflexion als eigene, bestimmte Qualifikationen voraussetzende berufliche Tätigkeit ist in ihr ebensowenig erforderlich, wenn auch aus ganz anderen Gründen.

Bedarf es in der beschriebenen kleinen Organisation nur eines sehr geringen, häufig verschwindenden Ausmaßes an formalisierten organisatorischen Strukturen, so ist die Hierarchie gekennzeichnet durch ein *äußerst hohes Ausmaß an formeller Ausprägung der Organisation*. Diese tritt als solche sehr deutlich in Erscheinung in Form von ausdifferenzierten, eindeutig festgeschriebenen, auf Stabilität und Dauer angelegten Strukturen. In ihnen werden Aufgabenbereiche nicht nur klar voneinander unterschieden, sondern die Art, wie sie zueinander in Beziehung gebracht werden, ist ebenso klar in einer Struktur festgelegt. Folgende Charakteristika dieses Systems sollen im Folgenden benannt und erläutert werden:

1. Leistungsfähigkeit durch Spezialisierung: Aufteilung übergeordneter in mehrere untergeordnete Aufgabenbereiche. Diese sind voneinander unabhängig, von dem übergeordneten Bereich aber abhängig. Sie können ihrerseits nach demselben Prinzip wieder aufgeteilt werden.

2. Daraus ergibt sich das Prinzip *der Über- und Unterordnung als durchgängiges Organisationsprinzip.*

3. *Indirekte Kommunikation* als Medium des organisationsinternen Austausches.

4. Eine auf *Größe und Wachstum* angelegte innere *Dynamik.*

5. *Widerspruchsfreiheit und Konfliktfreiheit* als Systembedingung.

6. *Stabilität und Dauerhaftigkeit* (verbunden mit *dem Tabu der Organisation).*

Zugrunde liegen mag dieser Organisationsform die Perfektionierung einer Idee, die schon im primitiven Austausch mehrerer voneinander zunächst unabhängiger Tätigkeiten bzw. Produkte angelegt war. Die großartige Abstraktionsleistung der Hierarchie lag ursprünglich sicher nicht darin, arbeitsteilige Produktions- und Dienstleistungsbetriebe hervorzubringen, sondern die Bildung von Städten als neuer Organisationsformen menschlichen Zusammenlebens zu ermöglichen (Schwarz 1987).

Die nicht städtisch strukturierten Vorläufer von Städten mögen zentrale Orte des Tausches gewesen sein, an denen sich, wegen ihrer dafür günstigen Lage, Stämme zum Austausch ihrer Produkte zusammengefunden haben. Das Prinzip des sozialen Lebens in diesen Stämmen war das Leben auf Gruppenbasis. Der Austausch wird als Bereicherung wahrgenommen worden sein und das Leben erleichtert haben.

Man kann sich vorstellen, daß solcher auf direktem Kontakt zwischen den Gruppen beruhender Austausch auf das Vielfältigste gefährdet war. Seine Kontinuität war nicht sichergestellt, man war angewiesen auf mühsame, wahrscheinlich sehr instabile bzw. konflikthafte Prozesse der Einigung. Labil und mühsam waren sie unter anderem deshalb, weil man die Wertmaßstäbe für den Austausch selbst entwickeln mußte, also in ungewohntem Ausmaß sich auf die Vorstellungen von Stammesfremden einzulassen hatte. Darüber hinaus mögen diese Einigungsprozesse auch deshalb konflikthaft gewesen sein, weil man entsprechend der dominanten Stammeskultur leicht dazu neigte, die anderen als Beuteobjekte zu betrachten und den Austausch in Raub übergehen zu lassen. Das mag vielfältige Tendenzen, sich gegenseitig zu vernichten, nach sich gezogen und die Vorteile des Tausches, wo nicht ganz zunichte gemacht, so doch mit einem hohen Risiko verbunden haben. Die Einführung übergeordneter, verbindlicher Regeln und zentraler Instanzen ihrer Setzung und Kontrolle konnte helfen, den Nutzen des Austausches zu genießen, ohne die Gefahren des direkten Kontakts dabei in Kauf nehmen zu müssen.

Der Austausch wird in der Hierarchie nicht den begrenzten Möglichkeiten der Beteiligten überlassen, welche ihn in direktem Kontakt miteinander besorgen, sondern er wird organisiert. Es wird eine übergeordnete, nicht mit dem Geschäft des Austausches direkt befaßte, nicht mit der Herstellung der auszutauschenden Produkte beschäftigte Instanz installiert. Ihre Aufgabe besteht darin, ein System von Verbindungsregeln sicherzustellen, nach denen es möglich ist, ein differenziertes Netz von Austauschverhältnissen aufzubauen.

Diese übergeordnete Instanz trägt somit bei zu einem höheren Ausmaß von Vernetzung verschiedener Bereiche, als diese selbst in direktem Kontakt zustande bringen könnten. Wenn es um Warenaustausch oder den Austausch von Dienstleistungen geht, so bedeutet dieses System eine weit über den unmittelbaren Tausch hinausgehende Bereicherung. Denn es stellt auch Austauschmöglichkeiten zur Verfügung, zu denen die einzelnen Teilnehmer ohne die Organisation keinen Zugriff gehabt hätten.

Der Abstraktionsleistung, die das ermöglichte, wohnt die Tendenz der Umdrehung des Vorgangs, der zu ihr führte, inne. Zunächst bestand ihre Funktion darin, als übergeordnete Instanz die Verbindung zwischen ursprünglich voneinander unabhängigen und weiterhin auch relativ unabhängig bleibenden Gruppierungen zu besorgen. Sie muß zu diesem Zweck darauf bedacht sein, der eigenen Funktion Anerkennung zu verschaffen und diese abzusichern. Dazu gehört umgekehrt die Entwicklung abhängiger untergeordneter Instanzen, welche ihre Existenzberechtigung durch die Betreuung mit Spezialaufgaben erhalten.

Damit entsteht ein neues soziales System. Erhielt die zentrale Instanz zunächst ihre Legitimierung von den unabhängigen Gruppierungen, deren Verbindung sie besorgte, so begründet sie nun ein von oben, von der Spitze legitimiertes System, das deren Unabhängigkeit auflöst. Seither gibt es übergeordnete Positionen, die verantwortlich sind für die Regeln, nach denen die untergeordneten

Positionen ihre Tätigkeit verrichten und nach denen deren Austausch erfolgt. Und es gibt untergeordnete Positionen, die sich um nichts anderes als um die eigene, ihnen bestimmte Tätigkeit zu sorgen haben. Sie können ihre ganze Aufmerksamkeit und Sorgfalt auf ihre Spezialtätigkeit verwenden. Von allem anderen sind sie entlastet, es wird für sie organisiert. Leistungssteigerung durch fortschreitende Spezialisierung nach dem Prinzip der Über- und Unterordnung ist diesem auf immer reicheren Austausch angelegten System zumindest im Prinzip inhärent.

Die Indirektheit des organisierten Austausches bringt einen weiteren, nicht zu unterschätzenden Vorteil. Sie schaltet alle in direktem Kontakt zwischen den Kontrahenten möglichen Konflikte, welche den reibungslosen Austausch behindern würden, aus. Damit stellt die Hierarchie ein System dar, welches der Idee nach auf *Konfliktfreiheit* beruht. Es gibt keine Konflikte, es gibt höchstens unbrauchbare Regeln, die, wenn ihre Unbrauchbarkeit sichtbar wird, ersetzt werden müssen. Treten dennoch Konflikte auf, so sind sie Zeichen dafür, daß jemand die ihm zugewiesene Aufgabe nicht korrekt erfüllt bzw. sich um anderes als seinen Tätigkeitsbereich sorgt.

Diesen zuletzt genannten Aspekt der Hierarchie kann man noch genereller zum Ausdruck bringen. Sie befreit, dem Anspruch nach, nicht nur von störenden Konflikten, sondern von allen störenden emotionellen Aspekten direkter Beziehung und Kommunikation zwischen ihren Mitgliedern. Auch von positiven Beziehungen, in denen das Interesse der Personen aneinander das an der Arbeit überwiegen könnte. *Die Emotionalität direkter Kontakte*, welche den reibungslosen Ablauf der vorgesehenen Prozesse behindern könnte, tritt gegenüber der in den hierarchischen Vernetzungsregeln festgeschriebenen *Konzentration auf Sachlichkeit* in den Hintergrund. Auch insofern stellt die Hierarchie eine großartige Abstraktionsleistung dar. Man ist in diesem System nicht mehr darauf angewiesen, ob man miteinander „kann" oder nicht. Man ist indirekt, über die Funktion, miteinander verbunden.

Eine unabdingbare Voraussetzung dafür, daß diese Systemvorteile zum Tragen kommen, liegt in der Absicherung der Stabilität dieses Systems bzw. in der Fernhaltung von Störungen. Die schon erwähnte Stilisierung der Hierarchie zur heiligen Ordnung bzw. das Tabu organisatorischer Reflexion sollen das besorgen.

Führung in der Hierarchie unterscheidet sich von patriarchalischer Führung im allgemeinen dadurch, daß ihre Aufgaben festgeschrieben sind, es sich um einen im Gesamtsystem eigens definierten Aufgabenbereich handelt. Von der fachlichen Seite her geht es um die angedeuteten Koordinationsaufgaben, um übergeordnete Fachtätigkeit und um Delegation an untergeordnete Stellen. Von der sozialen Seite her geht es um Kontrolle darüber, ob die Regeln des hierarchischen Spiels eingehalten werden, bzw. um das Setzen von Sanktionen bei Nichteinhaltung. Auch dazu bedarf es keiner großen sozialen Kompetenz.

Organisatorische Selbstreflexion ist in diesem System weder nötig noch erlaubt. War sie in den patriarchalisch familialen Organisationen deshalb unnötig, weil es kaum etwas zu reflektieren gab, so ist sie hier deshalb unnötig, weil die entsprechende Reflexionsleistung immer schon getan wurde. Sie war diejenige Aktivität, welche für die Aufstellung der Struktur verantwortlich zeichnet. *Die Struktur ist eine ein für allemal geronnene organisatorische Selbstreflexion.* Einmal bei der Ausarbeitung der Organisationsstruktur angestellt, ist sie der Tendenz nach für immer in ihrem Resultat enthalten und bedarf darüber hinaus keiner zusätzlichen Aktivierung.

Zwar gibt es in den großen Hierarchien institutionell festgelegte Teilbereiche der Organisation, deren Aufgabe der explizite Bezug des Systems auf sich selbst ist, also wenn man will, eine bestimmte institutionalisierte Form von Selbstreflexion. Man denke an die Personalabteilung, die Innenrevision, das Controlling usw. Doch geht es dabei in der klassischen Hierarchie nicht um die Beschäftigung mit der Struktur der Organisation im Sinne des Selbstbewußtseins ihrer Kontingenz, das heißt im Sinne der Überprüfung, ob die Struktur den in der Organisation zu lösenden Problemen angemessen ist oder der Entwicklung von brauchbaren Alternativen bedarf. Im Gegenteil, es geht vielmehr um eine ganz im Sinn der hierarchischen Spezialisierung vorgenommene Zentralisierung und Bündelung von besonderen Aufgaben, die man im weiteren Sinn als Steuerungsaufgaben bezeichnen kann. Es geht um eine auf bestimmte Aspekte des Arbeitsprozesses bezogene Kontrolle darüber, ob die Normen und Vorgaben innerhalb der festgelegten Strukturen adäquat erfüllt werden. Dieser Form des Selbstbezugs der Organisation fällt die eindeutig in der Organisation festgelegte und ihrerseits nach vorgegebenen Normen zu erfüllende Aufgabe zu, Abweichungen von den Normen der Organisation zu verhindern und die Effizienz der normgerechten Prozesse zu gewährleisten. Es geht um Maßnahmen der Stabilisierung des Systems.

Erst wenn diese Maßnahmen nicht ausreichen, um die Funktions- und Antwortfähigkeit der Organisation zu gewährleisten, kann es sein, daß diese sich entschließt, organisatorische Selbstreflexion vorübergehend als eigene Aktivität solange zuzulassen, bis eine neue Struktur gefunden wurde: Die im Rahmen einer Organisationsreform angestellten Überlegungen könnten als methodisch gezielte organisatorische Selbstreflexion bezeichnet werden, egal ob sie mit oder ohne Hilfe von externen Beratern angestellt werden.

Der klassischen Hierarchie wird es allerdings nur schwer gelingen, sich auf ein derart heikles Unterfangen einzulassen, denn die Voraussetzung dafür, die methodisch vorgenommene Selbstreflexion, ist, wie schon gesagt, innerhalb der Organisation mit einem Tabu belegt. Dieses Tabu der organisatorischen Selbstreflexion ist so tiefsitzend, daß es selbst dann noch wirksam bleibt, wenn die Selbstreflexion zum Zweck einer notwendig gewordenen Veränderung der Organisationsstruktur angebracht wäre. Die damit verbundene Destabilisierung widerspricht einer auf Stabilität und fraglosen Regelgehorsam angelegten Ordnung, wird als große Gefahr erlebt und massiv abgewehrt. Sich zu einer vorübergehenden, systematisch vorgenommenen, kontrollierten Destabilisierung im Sinn der Überlegung von Alternativen zu entschließen, gelingt selbst dann schwer, wenn diese zum Zweck der Herstellung einer neuen, in funktionaleren Strukturen verankerten organisatorischen Stabilität geboten ist. Eher versucht man in einem solchen Krisenfall, dem Prinzip der Hierarchie treubleibend, den bestehenden organisatorischen Rahmen nicht in Frage zu stellen, sondern zusätzliche hierarchische Untergliederungen, Regelungen und Kontrollen einzuführen. Dies geschieht in der Hoffnung, daß die mangelnde Funktionalität des Betriebs nach dem Motto „mehr vom selben" wieder behoben werden kann (Heintel u. Krainz 1994).

Supervision kann in diesem System, wo sie nicht als reine Fallsupervision nachgefragt wird, bestenfalls die Aufgabe haben, besondere Arbeitsbelastungen von Mitarbeitern und Mitarbeitergruppen bewältigen zu helfen. Damit läuft sie allerdings Gefahr, reine Entlastungs- und Alibifunktion wahrzunehmen, die der Organisation strukturelle Entwicklungs- und Reformmaßnahmen ersparen helfen soll. Als organisationsbezogene Supervision wird sie nicht vorkommen.

2.4 Einfache Organisationen sterben aus – ihre Funktionsprinzipien bleiben erhalten

Wir befinden uns heute gesamtgesellschaftlich in einer Situation, die sich schon lange nicht mehr nach dem familialen Muster von Primärgruppen und Gruppenverbänden verstehen läßt. Aber auch die klassisch hierarchischen Funktionssysteme und -mechanismen haben einen Großteil ihrer Brauchbarkeit verloren (Luhmann 1986).

2.4.1 Das Schicksal patriarchalisch-familial geführter Betriebe

1. Was die *familialen Systeme* betrifft, so werden sie immer weiter zurückgedrängt von den großen Organisationen und Institutionen, die unsere gesellschaftlichen Prozesse bestimmen. Die wirklichen Primärgruppen, die Familien, fristen in Rest- und Kümmerformen ihr Dasein, das sich gegen Anforderungen, die aus der Arbeitswelt kommen, so wenig durchsetzen kann, daß es stützender und schützender Maßnahmen braucht, um sie vor der gänzlichen Auflösung zu bewahren.

Nach *familialem Muster aufgebaute kleine Betriebe* verschwinden zum Großteil von der Bildfläche. Sie geraten seit längerem in Auseinandersetzung mit den größeren hierarchischen Organisationen in einen Verdrängungswettbewerb, der bisher eindeutig zugunsten der Großen ausgegangen ist. Diese arbeiten aufgrund der Leistungs- und Mengenvorteile der Hierarchie effizienter. Wollen die Kleinen überleben, so stehen sie entweder unter Wachstumsdruck. Wenn sie diesen bewältigen, werden sie selbst zu hierarchischen Organisationen. Oder es gelingt ihnen, eine Spezialität anzubieten, die zu entwickeln die großen Hierarchien nicht in der Lage sind. In beiden Fällen sind sie vor die Aufgabe gestellt, entweder vorübergehend oder auf Dauer das zu tun, was einfache Organisationen gerade nicht brauchen. Sie müssen sich zum Zweck ihrer Entwicklung mit der eigenen Organisation befassen, sie müssen organisatorische Selbstreflexion anstellen.

Im Falle ihres Wachstums müssen sie sich explizit und systematisch mit ihrer Organisation beschäftigen, um den gravierenden Einschnitt zu bewältigen, den eine Veränderung von einer Organisationsform zur anderen darstellt (siehe Fallbeispiel 4). Dabei mag es ausreichen, organisatorische Selbstreflexion bloß für die Dauer der Umstrukturierung in Gang zu setzen. Darüber hinaus wird es sinnvoll sein, organisatorische Selbstreflexion noch einige Zeit nach der Installierung einer neuen Struktur zum Zweck der Bearbeitung von Prozessen zu erhalten, die aus der alten organisatorischen Tradition mitgenommen, nun aber dysfunktional geworden sind. Da solche Reflexion nicht zur Routinearbeit des familialen Betriebs gehört hat, wird man sich vorübergehend externer Hilfe, also z.B. der Supervision bedienen.

Im Falle der Entwicklung einer Spezialität wird die Organisation zwar klein bleiben können, also keine hierarchische Struktur ausbilden müssen, aber sie wird die für einen familialen Betrieb charakteristische Organisationsform, wie sie oben dargestellt wurde, dennoch aufzugeben gezwungen sein. Denn die Spezialität, welche die kleinen Organisationen konkurrenzfähig macht, darf nicht von einer hierarchischen Organisation noch effizienter hervorgebracht werden. Es muß sich also um ein Produkt handeln, das an eine Arbeitsweise gebunden ist, welche in der Hierarchie nicht so ohne weiteres möglich, aber auch im familialen Muster nicht mehr durchzuführen ist. Der Produktgedanke ebenso wie die Bedingung seiner Realisierung müssen so beschaffen sein, daß ihnen weder umfassende Einzelarbeit, wie sie im patriarchalisch familialen Betrieb üblich ist, noch auch ein hierarchisches Vorgehen gerecht werden.

Produkte dieser Art nehmen zu. Ich denke an viele beratende Berufe (Steuerberatung, Anlageberatung, Organisationsberatung, Gesundheitsberatung). Ich denke aber auch an Praxisgemeinschaften von Ärzten der verschiedenen Fachrichtungen oder Psychotherapeuten der verschiedenen Schulen, die fach- bzw. methodenübergreifend kooperieren wollen. Ihnen gelingt es zum Teil, in kleinen überschaubaren Organisationen konkurrenzfähig zu sein, ohne daß es sich dabei um einfache Organisationen handelt.

Das hat folgenden Grund: Gesellschaftliche Ausdifferenzierung und Wissenszuwachs haben in diesen und ähnlichen Bereichen eine Komplexität hervorgerufen, der weder einzelne Spezialisten noch die simple Addition von Spezialistenkenntnissen und -tätigkeiten gerecht werden können. Aus fachlicher Notwendigkeit heraus entstehen fach- und schulübergreifende Systeme. Sie bedürfen organisatorischer Selbstreflexion in hohem Ausmaß. Dies nicht so sehr wegen einer Komplexität der Organisationsstrukturen, in denen solche Teams (denn hier kann man wirklich von Teams sprechen) arbeiten, sondern wegen der Komplexität des Produkts oder der Dienstleistung, die organisiert werden soll.

Zur Herstellung fachübergreifender Kooperation genügt es nicht, über Mechanismen der Kooperation und Kommunikation im allgemeinen Bescheid zu wissen, wie sie die Supervision in einer eher herkömmlichen, nicht organisationsbezogenen Weise dort zum Gegenstand hat, wo es ihr um berufliche Kooperation geht. Fachübergreifende Kooperation stellt in diesen Spezialistenorganisationen eine Form der Organisation von Arbeit dar, die jenseits einfacher Teamarbeit angesiedelt ist. Es bedarf dazu ganz spezifischer Haltungen und Fähigkeiten, die an die Ausübung des eigenen Fachs gebunden sind, dieses jedoch gravierend verändern, weil sie es in ungewohnter Weise in Beziehung setzen zu anderen, vielleicht konkurrierenden Fächern:

Man muß sich mit seinem Fach identifizieren und es gleichzeitig als kontingent zur Disposition stellen; von den eigenen fachlichen Kenntnissen und Fertigkeiten überzeugt sein und gleichzeitig wissen, daß diese Überzeugung nur bedingt gerechtfertigt ist (und zwar nicht deshalb, weil man sein Fach schlecht beherrscht). Man muß das eigene Wissen als eine bestimmte Form des Unwissens, die eigenen Kenntnisse als eine bestimmte Form von Unkenntnis verstehen, hinnehmen und miteinander teilen. Ein Verständnis der Besonderheit des neuen gemeinsamen Produkts gehört zur Arbeitsfähigkeit solcher Organisationen. Dieses Verständnis kann nicht als selbstverständlich vorausgesetzt werden, es entsteht auch nicht von selbst, es ist über gemeinsame organisationsbezogene Selbstreflexion immer wieder herzustellen.

Die Dynamik des Produkts und nicht so sehr die Komplexität der Organisationsstrukturen macht solche zukunftsträchtigen kleinen Organisationen zu komplexen Organisationen, die ohne organisatorische Selbstreflexion nicht arbeitsfähig bleiben. Supervision gelangt hier immer häufiger zum Einsatz und wird mit ungewohnten Aufgaben konfrontiert – z.B. in der Reflexion des Nichtwissens (siehe Kapitel 5).

2. Auch die *großen hierarchischen Organisationen*, die andere Form der einfachen Organisationen, befinden sich in einer dauerhaften Krise, welche die längst vor sich gegangene Auflösung der Hierar-

chie (nun nicht so sehr als Strukturprinzip von einzelnen Organisationen, sondern als Organisationsprinzip unserer Gesellschaft) widerspiegelt: Industrialisierung, Individualisierung und demokratisches Gedankengut, drei gesellschaftlich wirksame Momente, die sich nur in enger Wechselwirkung miteinander entwickelt haben und weiter entwickeln, haben eine Bewegung in das hierarchische System gebracht, welche es an die Grenzen seiner Wirksamkeit geführt hat.

Man darf die Verursachung dieser Bewegung allerdings nicht nach dem Muster einfacher Kausalität verstehen. Es handelt sich vielmehr um eine Wechselwirkung zwischen diesen drei Momenten und dem hierarchischen System, welche es notwendig macht, diesen Sachverhalt zumindest gleichzeitig auch anders herum zu sehen: Im hierarchischen System sind, wie schon erwähnt, Tendenzen und Möglichkeiten der Spezialisierung wie auch der Individualisierung angelegt. Durch die Ausrichtung des Systems auf Dauerhaftigkeit und Stabilität konnten sie sich aber die längste Zeit nur sehr bedingt in vergleichsweise engen Grenzen entfalten. Unter bestimmten gesellschaftlichen Bedingungen, deren genauere Analyse hier nicht unser Gegenstand sein kann, wirken diese Möglichkeiten der Spezialisierung und Individualisierung einerseits förderlich auf die Industrialisierung ein, andererseits treiben sie die Entwicklung demokratischen Gedankensguts voran. Dadurch werden sie ihrerseits innerhalb der Hierarchie von ihren engen Grenzen befreit. Es entwickelt sich eine Dynamik innerhalb der Hierarchie, welche tendenziell zu ihrer Auflösung führt. Das Paradox besteht darin, daß es die Funktionsprinzipien der Hierarchie selbst sind, welche, unter solchen Bedingungen einmal voll in Gang gekommen, dazu beitragen, das hierarchische System weitestgehend außer Kraft zu setzen. Einige für unseren Zusammenhang wichtige Momente dieses Vorgangs seien hier angedeutet. Ich kann dabei zum Großteil auf die vorhin ausgeführten Charakteristika hierarchischer Organisation zurückgreifen.

2.4.2 Das Schicksal hierarchischer Organisationen
Spezialisierung

Höhere Leistungsfähigkeit wird durch Spezialisierung in der Hierarchie nur solange problemlos erzielt, wie die Aufgaben, die durch Aufgabenteilung entstehen, noch eine relativ geringe Komplexität aufweisen. Solange es also möglich ist, daß jeder Teilbereich seine Leistung unabhängig von den anderen erbringen kann und daß die übergeordnete Koordinationsleistung ohne die Mitarbeit der Teilbereiche so zustande gebracht werden kann, daß ein sinnvolles Gesamtergebnis entsteht.

Dieser Leistungsvorteil ist dann in Frage gestellt, wenn im Laufe seiner Perfektionierung folgende drei Sachverhalte zusammentreffen: Wenn sich erstens die Spezialbereiche in ihrer Ausdifferenzierung und der damit entstehenden Eigenlogik ihrer Tätigkeiten soweit voneinander entfernen, daß sie in einen Widerspruch zueinander treten; wenn zweitens ein Spezialbereich zur Erfüllung seiner Aufgaben auf die unmittelbare Kooperation mit einem anderen angewiesen ist, die übergeordnete Stelle also nicht weiter ausschließliche Vermittlungsinstanz sein kann; und wenn drittens die Koordinationsleistung deshalb nicht mehr hierarchisch zustande gebracht werden kann, weil keine übergeordnete Stelle mehr über den adäquaten Überblick verfügt. Das ist aber gerade dadurch eingetreten, daß der Grundsatz der hierarchischen Spezialisierung in seiner Dynamik freigesetzt wurde.

In unserer Gesellschaft hat diese Freisetzung zur sogenannten funktionalen Ausdifferenzierung der Gesamtgesellschaft in einzelne Subsysteme mit spezifischer Eigendynamik geführt, einer Ausdifferenzierung, die ihr Äquivalent in der Entwicklung moderner Organisationen hat. Es begann eine derart überwältigende Eigenentwicklung jedes Teilbereichs und der Teilbereiche innerhalb der Teilbereiche, daß ihre Integration durch eine zentrale Instanz nicht mehr möglich war. Denn einerseits waren die Teilbereiche in sich so umfangreich, daß sie nicht mehr überblickbar waren, andererseits entwickelten sie eine Eigenlogik, in die von außen nicht mehr sinnvoll eingegriffen werden konnte (Luhmann 1986).

Gleichzeitig brachte das neue Arten von nicht mehr hierarchisch organisierbarer Interdependenz verschiedener Subsysteme der Gesellschaft mit sich. Nicht nur die Differenzierung schafft neue Probleme, auch die Integration verlangt neue Organisationsformen (Wilke 1989). Die Organisationen des ökonomischen Systems z.B., also die Wirtschaftsbetriebe, brauchen, um funktionsfähig zu bleiben, eine professionelle Verbindung zum Rechtssystem, das heißt sie brauchen ihre Juristen. Ebenso brauchen sie eine Verbindung zum Ausbildungssystem (Nachwuchsförderung und Fortbildung).

Weiterhin brauchen sie eine Verbindung zum Wissenschaftssystem (Produktentwicklung und Forschung). Ähnliches gilt für alle anderen gesellschaftlichen Subsysteme.

Auch innerhalb der einzelnen Subsysteme ist man in einem solchen Zustand funktionaler Ausdifferenzierung zunehmend auf Nachbardisziplinen im selben System angewiesen: Der Kinderarzt braucht den Internisten, der Chirurg den Pathologen, um in seiner eigenen Spezialität fachgerecht tätig zu sein; usw.

Bestand der Vorteil der Spezialisierung in der Entlastung, welche eine ausschließliche Konzentration auf den eigenen Spezialbereich möglich machte, so ist mit dem Wegfall einer steuernden Zentralinstanz dieser Vorteil heute weitgehend in Verlust geraten. (Man muß sich mit dem Erwerb fachfremder Fähigkeiten und Fertigkeiten belasten, um die nötigen Vernetzungen selbst vornehmen zu können.) Die Repräsentanten zentraler übergeordneter Steuerungsmacht werden sich, soweit sie nicht überhaupt zu reinen Symbolfiguren werden, zu weiten Teilen auf die Aufgabe beschränken müssen, autonome Entwicklungen, die in den Subsystemen bereits zustande kommen, nicht zu behindern bzw. organisatorische Bedingungen zu schaffen, um sie zu erleichtern.

Aufgrund des tradierten Verständnisses von Arbeit werden diese neuen Arbeitsbedingungen weitestgehend als Störfaktoren erlebt. Man wird versuchen, sie, so gut es geht, auszuschalten oder zu minimieren. Tut man dies, so behindert man sich selbst in der Arbeit, ohne recht zu verstehen, wie das passiert. Ein adäquates Verständnis, welches die „Störfaktoren" als unentbehrliche, konstitutive Faktoren der eigenen Spezialistentätigkeit sichtbar macht, bedarf eines Wissens um die zugrundeliegende Entwicklung von Organisationsstrukturen. Das heißt, in immer mehr Fällen qualifizierter Tätigkeit stellt Organisationsbewußtsein eine Voraussetzung für die gelingende *fachliche* Tätigkeit dar.

Indirekte Kommunikation als Organisationsprinzip
Der schon erwähnte hierarchische Vorteil der indirekten Kommunikation wird durch die genannte Entwicklung in guten Teilen wieder rückgängig gemacht. Denn die verschiedenen interdependenten Aufgabenbereiche sind zunehmend darauf angewiesen, sich ihre Vernetzung in direktem Austausch miteinander selbst zu organisieren. Damit treten Nachteile, die durch die indirekte Kommunikati-

on ausgeschaltet werden sollten, wieder auf. Es braucht wieder kleinere Systeme, in denen kooperiert werden kann. Die Kooperation ist nicht mehr durch Strukturen abgesichert, sondern durch gelingende Kommunikation. Daher müssen soziale Fähigkeiten erworben werden. Die Personenabhängigkeit nimmt wieder zu, mit allen ihren Nachteilen. Zusätzlich zu den hierarchischen Wegen der Kommunikation werden also andere aufgebaut werden müssen, die zu diesen in Widerspruch stehen. Ohne ein entsprechendes organisationsbezogenes Verständnis, eine entsprechende *organisationsbezogene Reflexion solcher Widersprüche* und ohne die Fähigkeit, sie permanent zu managen, werden daher auch die besten kommunikativen Fähigkeiten nichts nützen.

Organisation und Gruppe

Ein wesentlicher Vorteil der Hierarchie bestand darin, daß sie in mehrfacher Hinsicht die beschränkten Arbeitsmöglichkeiten der Gruppe hinter sich gelassen hat. Denn eben das, was das Leben in Gruppen so befriedigend macht, setzt ihrer Leistungsfähigkeit im hierarchischen Sinn Grenzen: Der emotionelle Zusammenhalt zwischen den Personen, die in direktem Austausch miteinander verbunden sind, enthält ein der Funktionalität entgegengesetztes Prinzip, die schon erwähnte Personenabhängigkeit. Beides wirkt der Ausbildung von Spezialistenfunktionen entgegen. Außerdem setzt es der Größe der jeweiligen Arbeitseinheit enge Grenzen. Schließlich erhöht es die Störanfälligkeit dieses Arbeitsinstruments wegen der in direktem Kontakt unvermeidlichen Konflikte. Von all dem war schon die Rede.

Nun ist leicht einzusehen, daß mit der skizzierten Entwicklung, der hierarchische Organisationen unterworfen sind, also wegen der zunehmenden Komplexität der Fragestellungen, die sie beantworten sollen, das der Hierarchie fremde Prinzip der Teamarbeit in verschiedener Form in sie Eingang findet. Der Rückgriff auf die familialen Gruppenstrukturen wird in dieser Situation unvermeidlich, und zwar geschieht dies aus anderen, als den schon genannten Gründen des Angewiesenseins menschlichen Lebens auf familiale Kommunikation. Teamarbeit wird aus fachlichen Gründen notwendig; viele komplexe Aufgaben können nicht mehr anders bewältigt werden.

Das heißt nicht, daß das in seiner Funktionsfähigkeit beeinträchtigte hierarchische Prinzip durch das der Gruppe abgelöst würde. Das wäre die Auflösung der Organisation überhaupt mit all ihren in Gruppen nicht realisierbaren Vorteilen. Es ist viel komplizierter, als sich mancher Kritiker der immer größer werdenden und immer mehr auf Funktionalität bedachten Organisationen mit seinem Ruf „Zurück zur Gruppe als der natürlichen Einheit!" denken will. Denn Teams sind nicht einfach Gruppen. Sie vereinigen vielmehr in sich Grundsätze der Gruppendynamik mit den ihnen widersprechenden Grundsätzen der Organisationsdynamik.

Als Gruppen werden sie ihre Arbeitsfähigkeit nur erreichen, wenn sie auf der Beziehungsebene tragfähige emotionelle Relationen in direkter Kommunikation entwickeln können. Dafür ist z.B. eine stabile personelle Zusammensetzung von großer Bedeutung. Personelle Eingriffe von außen wirken sich extrem störend aus. Als Arbeitsgruppen in Organisationen liegt ihre Priorität in der zu erfüllenden Aufgabe, und das bedeutet letztlich die Austauschbarkeit der Personen.

Als Gruppen benötigen sie ihre nicht so eindeutig berechenbare Eigenzeit, um sich als soziale Systeme mit spezifischen Funktionsmechanismen soweit zu entwickeln, daß sie arbeitsfähig sind. Als Teil der Organisation sind sie aber meist anderen, eher mechanistischen Zeitvorstellungen unterworfen. (Häufig setzt man daher zur effizienten Entwicklung von Teams eigene extern veranstaltete Workshops an.)

Als Gruppen schließen sie sich nach außen ab – als Teil der Organisation müssen sie sich mit anderen Teilen vernetzen. Als Gruppen verlangen sie nach Autonomie in Selbstorganisation – als Organisationseinheiten sind sie übergeordneten Zielen und Vorgaben unterworfen und ausgesetzt. Als Gruppen verlangen sie nichthierarchische Kooperation und gemeinsame Verantwortung – als Teil der Hierarchie unterliegen sie hierarchischer Binnendifferenzierung und entsprechender Abstufung der Verantwortung usw.

Teams sind also nur arbeitsfähig in nichthierarchischer Weise. Die Organisation um sie herum bleibt aber (eben durchbrochen durch hierarchiefremde Elemente) hierarchisch strukturiert. Teams in Organisationen tragen in sich Widersprüche, welche Gruppen, die nicht an der Funktionalität von Organisation orientiert sind, fremd sind. Teams müssen diese Widersprüche bewältigen. Umgekehrt tragen Organisationen, in welchen aus Arbeitsgründen Teams entwickelt werden, als Ganze den Widerspruch zwischen Gruppe und Organisation in ausgeprägter Form in sich. Auch die Organisationen müssen diesen Widerspruch bewältigen (siehe Fallbeispiel 5).

Außerdem entstehen Arbeitsteams in Organisationen nicht naturwüchsig, sondern aufgabenbezogen. Es ist daher notwendig, sehr reflektiert an der Arbeitsfähigkeit des Teams als Gruppe selbst zu arbeiten. Dazu wird man nicht nur über entsprechende Kenntnisse der Dynamik der Entstehung, der Entwicklung und Erhaltung von Gruppen verfügen müssen, um Gruppenprozesse in entsprechender Selbstreflexion steuern und auftretende Hindernisse beheben zu können. Dazu gehört ebenso das Verständnis der skizzierten Widersprüche zwischen Gruppe und Organisation, die sich laufend im Team und in der Organisation bemerkbar machen.

Das alles gilt es nicht nur innerhalb der Teams, sondern auch innerhalb der gesamten Organisation zu verstehen – dort, wo Teams in größerem Ausmaß in Organisationen Platz greifen, sei es als Dauereinrichtung, sei es als zeitlich begrenzte Einrichtung im Sinne der Projektorganisation (Heintel u. Krainz 1988). Ohne differenziertes Organisationsbewußtsein und entsprechende organisatorische Selbstreflexion erscheint das nicht mehr möglich. Ohne dieses wird auch Supervision in Organisationen konterproduktiv.

Die Hierarchie als System der Konfliktfreiheit

Es wurde schon erwähnt, daß einer der wesentlichen Vorteile der Hierarchie darin liegt, daß sie ein System konfliktfreier Vernetzung von Kommunikation darstellt. Die voranstehenden Punkte zeigen, daß auch dieser Vorteil durch die Perfektionierung der hierarchischen Idee zu weiten Teilen wieder außer Kraft gesetzt wird. Direkte Kommunikation und Teamarbeit enthalten jede für sich eine Reihe von Konfliktmöglichkeiten. Darüber hinaus entsteht durch ihre Einführung in die hierarchische Organisation eine Reihe von Dauerkonflikten zwischen diesen einander fremden Prinzipien der Organisation von Arbeit, die dauernd gemanagt werden müssen. Dazu bedarf es nicht nur der Fähigkeit, Konflikte zu bewältigen, es bedarf darüber hinaus eines organisationsbezogenen Verständnisses für die Unvermeidlichkeit und die Funktionalität dieser Art von Konflikten (Buchinger 1988; Schwarz 1995). Dieses Verständnis steht seinerseits im Widerspruch zur hierarchischen Auffassung, daß Konflikt immer ein Zeichen für mißlungene Koordinationsleistungen darstellt – wir befinden uns damit in einem Metakonflikt, der einen Grund dauerhafter Irritation in Organisationen darstellt.

Zusätzlich dazu gilt es, zwischen tatsächlich vermeidbaren Konflikten und strukturbedingten unvermeidlichen Konflikten zu unterscheiden. Auch die hier verlangten Fähigkeiten lassen sich nicht ohne organisatorische Selbstreflexion, beruhend auf einem hohen Ausmaß von Organisationsbewußtsein, entwickeln und ausüben (Buchinger 1994b).

Die Stabilität von Organisationen und das Tabu der Organisation

Die Stabilität von Organisationen war gewährleistet durch die Vernetzung der internen Prozesse mittels festgelegter Regeln und deren Unantastbarkeit, durch die Unabhängigkeit von der zwischen Personen gelingenden oder nicht gelingenden Kommunikation und durch den Anspruch auf Konfliktfreiheit. Entsprechende ideologische Legitimationen hatten in früherer Zeit die Stabilität der Hierarchie noch verstärkt. All das ist in Auflösung begriffen. Damit schwindet auch der meist unterschätzte Stabilitätsvorteil von Organisationen dahin. Hat man ihn unter dem Aspekt der unvermeidlichen Kosten, die er verursachte, häufig negativ als Starrheit und Unbeweglichkeit des hierarchischen Systems verurteilt, so zeigt sich heute mit seiner progressiven Auflösung, wie sehr man immer schon an ihm hängt. Man denke etwa an folgende weit verbreitete Haltungen:

Vielfach wird die von allen anderen organisatorischen Bedingungen entlastete fachliche Spezialistentätigkeit immer noch als die eigentliche produktive Arbeit in Organisationen angesehen. Dies ist jedoch ungestört nur dort möglich, wo die Organisation keine Aufmerksamkeit auf die Gestaltung der Rahmenbedingungen der Arbeit verlangt, wo ihre Strukturen also außer Streit gestellt sind und der unveränderliche Mechanismus ihres Funktionierens ein für allemal festgelegt ist, wie es in der Hierarchie der Fall ist. Alles zusätzliche, soweit es mit dem Verlust der Brauchbarkeit festgelegter Regeln zu einer eigenen qualifizierten und professionellen Art von Tätigkeit geworden ist (wie z.B. Führen), wird oft (gerade von hochkarätigen Spezialisten) als unproduktive, lästige Ablenkung von der wirklichen Arbeit disqualifiziert.

Anstatt die Flexibilitätsanforderungen, die heute an Organisationen gestellt werden, als Freiheitsspielraum wahrzunehmen, sucht man der Unsicherheit, die damit entsteht, oft durch die Suche nach organisatorischen Patentlösungen, die man sich z.B. von Organisationsberatern liefern lassen möchte, zu begegnen. Es ist nicht leicht zu akzeptieren, daß die Stabilität einer Organisation nicht mehr auf der dauerhaften Unveränderlichkeit ihrer Strukturen, Abläufe und Arbeitsinhalte beruhen kann, sondern auf einer Organisationskultur, in der organisatorische Selbstreflexion in die Lage versetzt, den dauerhaften Wandel zu bewältigen. Das Tabu der Organisation wirkt weiter.

Aus Vorgesetzten werden Führungskräfte

Das Gesagte hat seine Auswirkung auf die Problematik der Steuerung von Organisationen. Sie wurde in traditionellen Organisationen besorgt durch die entsprechend den Ebenen der Hierarchie abgestufte Kontrolle der Einhaltung der Regeln, nach denen die internen Prozesse ablaufen. Diese Kontrolle war Aufgabe der Vorgesetzten. Vorgesetzter zu sein stellte mehr eine Position in der Hierarchie dar als einen eigenen Beruf, dem besondere professionelle Qualifikationen zugrunde liegen. Durch die Bewegung, in die Organisationen geraten sind, und deren skizzierte Auswirkungen auf das innerorganisatorische Geschehen, sind aus Vorgesetzten Führungskräfte geworden, welche in ihrer Funktion eine eigenständige professionell qualifizierte Tätigkeit ausüben, für die es inzwischen spezielle Ausbildungsvoraussetzungen gibt (Wimmer 1989).

Die voranstehenden Punkte sollten deutlich machen, worin die sozialen Fähigkeiten und Fertigkeiten von Führungskräften liegen müssen, die sich nicht mehr auf eine stabile, durch vorgegebene Regeln, durch indirekte Kommunikation, durch entsprechende Konfliktfreiheit abgesicherte Organisation, in der Spezialisten unbehelligt ihre Einzelarbeit tun, verlassen können.

Dort, wo direkte Kommunikation und flexible Kooperation zwischen Spezialisten einer Organisationseinheit oder zwischen aufeinander angewiesenen Organisationseinheiten nötig geworden sind, heißt Führen weniger, Arbeiten zu delegieren und ihre Erfüllung zu kontrollieren, als Bedingungen gelingender Kooperation und Kommunikation herstellen zu helfen, Hindernisse aus dem Wege zu schaffen.

Dort, wo wegen der unterschiedlichen Eigenlogiken aufeinander angewiesener Aktivitäten in der Kooperation Konflikte auftreten, heißt Führen in der Lage sein, zu unterscheiden, ob es sich um unvermeidliche oder vermeidbare Konflikte handelt, und sie dementsprechend zu moderieren. Dort, wo Teamarbeit, in welcher Form auch immer, zur Voraussetzung gelingender Problemlösungen wird, heißt Führen in der Lage sein, Teams entsprechend zusammenzusetzen, ihre Entwicklung zu unterstützen und Instrumente einzusetzen, die ihren Bestand sichern.

Das alles ist nur möglich, wenn es auf einem hochentwickelten Organisationsbewußtsein und der Fähigkeit organisatorischer Selbstreflexion beruht. Denn die Einflüsse, die die vorhandene (den genannten Anforderungen meist widersprechende) Organisationsstruktur auf Kooperation, Teamarbeit, Umgang mit Konflikten hat, sind, wie wir wissen, groß, wenn auch nicht direkt wahrnehmbar.

Führungskräfte sind eher zu Moderatoren und Coaches geworden, deren Aufgabe mehr darin besteht, die Selbstorganisation der genannten Arbeitsformen und Instrumente zu unterstützen als hierarchische Anordnungen zu geben. Dennoch müssen sie über beides verfügen und in der Lage sein zu unterscheiden, wann welche Art von Führung angesagt ist und wie sich der Einsatz der einen auf den der anderen auswirkt.

Führung ist also deshalb unentbehrlich für komplexe Organisationen, weil sie in flexibler, situationsangemessener Form und aufgrund des Einsatzes hoher professioneller Kompetenz etwas besorgt, was in einfacheren organisatorischen Verhältnissen durch eindeutige Strukturen und Regeln abgesichert war: die Effizienz und die Vernetzung organisationsinterner Prozesse. Die Wichtigkeit dieser Aufgabe potenziert sich mit der Beschleunigung des Abbaus solcher funktionsfähiger Strukturen und Regeln.

Der Abbau von Strukturen und Regeln stellt die Rückwirkung einer beschleunigten gesellschaftlichen Bewegung auf die Organisationen dar, eine Rückwirkung, die diese Bewegung ihrerseits vorantreibt. So reicht es heute längst nicht mehr aus, über die genannten Fähigkeiten, basierend auf Organisationsbewußtsein, zu verfügen. Denn Organisationen müssen sich auf unvorhersehbare gesellschaftliche Entwicklungen, Veränderungen am Markt, Entwicklungen in den technischen ebenso wie in den anderen nichttechnischen Wissensgebieten einstellen. Sie müssen damit rechnen, daß ihre Planungshorizonte immer kürzer werden, müssen in der Lage sein, rasch und flexibel auf unerwartete Situationen zu reagieren. Schließlich müssen sie damit rechnen, daß sie sich in ihrer herkömmlichen Form überhaupt auflösen (Hammer u. Chompy 1995).

Das heißt, eine punktuelle Flexibilisierung hierarchischer Strukturen bzw. ihre Ergänzung durch die genannten Arbeitsformen reicht zur Ausübung von Führung nicht mehr aus. *Es bedarf zusätzlich dazu der Fähigkeit, jenseits fester oder flexiblerer Strukturen in Prozessen zu denken, die rasche Antworten auf unvorhersehbare Situationen ermöglichen. Es bedarf der Fähigkeit, das eigene Nichtwissen als Informationsquelle und als Arbeitsinstrument zu nutzen. Es gilt, eine bislang ungewohnte Offenheit in Organisationen zu installieren.*

Diese Aufgabe kann immer weniger durch strukturelle Maßnahmen erfüllt und abgesichert werden. Sie verlangt in höherem Ausmaß als jemals zuvor entsprechend ausgebildete Führungskräfte, welche ihre Professionalität nicht durch herkömmliche Fachausbildungen abgesichert sehen, sondern vielmehr durch den Erwerb all der hier genannten sozialen, organisationsbezogenen Kompetenzen – radikalisiert durch die Offenheit, völlig unbekannten organisatorischen Situationen mit entsprechender Selbstreflexion zu begegnen. Dementsprechend verlangt auch die Supervision in Organisationen nach Weiterentwicklung in die bislang ungewohnte Richtung zu einer Expertise des Nichtwissens (siehe Kapitel 5).

Man beachte unter diesem Gesichtspunkt die Veränderung der Angebote in der *Managementfortbildung*. Sie hat mit der organisationsbedingten Entwicklung von Vorgesetzten zu Führungskräften einen neuen Stellenwert erhalten. Ihr schrittweiser Wechsel von einer externen Kompetenz, auf welche stabile Organisationen nach Bedarf punktuell zugriffen, zu einer in der Organisation selbst verankerten und institutionalisierten, permanent abgerufenen, ihrerseits in Weiterentwicklung befindlichen Expertise ist Ausdruck und Spiegel des hier skizzierten Prozesses in der Organisationslandschaft:

1. Hat es früher verschiedene organisationsexterne Angebote gegeben, welche schon bestellte Führungskräfte sich je nach persönlichem Bedarf aussuchen konnten oder die ihnen als Ausdruck

für ein individuelles Defizit von ihren Vorgesetzten vorgeschrieben wurden (eine Art Nachsitzen), so bietet sich heute ein stark verändertes Bild dar. Nicht nur werden für Führungskräfte Managementausbildungslehrgänge, die systematisch aufgebaut sind und über mehrere Semester laufen, von einschlägigen Fortbildungsinstituten angeboten. Es werden vielmehr von den Organisationen solche Lehrgänge in wachsendem Ausmaß für Führungskräftenachwuchs bzw. für Mitarbeiter noch vor ihrem „Sprung zur Führungskraft" gefordert bzw. intern angeboten. Dies kann als Ausdruck dafür gewertet werden, daß es sich hier um die Professionalisierung einer relativ neuen Art von Tätigkeit, genannt „Führen", handelt. Und erst in jüngster Zeit nehmen systematische Bemühungen zu, in solchen Lehrgängen Organisationsbewußtsein praxisnahe zu vermitteln und Supervision als eine Methode organisatorischer Selbstreflexion begleitend anzubieten.

2. Die nächste Entwicklung bestand im Aufbau organisationsinterner Abteilungen, welche für die Erstellung maßgeschneiderter Fortbildungsveranstaltungen verantwortlich zeichnen. Haben Ausbildungsabteilungen früher mehr die Aufgabe gehabt, aus den externen Angeboten entsprechende Veranstaltungen auszusuchen, so werden sie nun zunehmend zu organisationsinternen Fortbildungsakademien. Darin nehmen Managementlehrgänge gegenüber den Fachseminaren immer mehr Raum ein. Man leistet sich also eine Organisationseinheit, deren Aufgabe es ist, aufgrund der Analyse der organisationsinternen Verhältnisse ein dem Bedarf entsprechendes Aus- und Fortbildungsangebot zu entwickeln. Die Existenz einer eigenen Abteilung läßt vermuten, daß man zur Kenntnis genommen hat, daß es sich hierbei um eine Daueraufgabe handelt; denn könnte sie, einmal erfüllt, in ihrer Form ein für allemal beibehalten werden, dann hätte es anstelle der Errichtung einer eigenen Abteilung genügt, externe Spezialisten heranzuziehen, an die man diese einmalige Aufgabe delegiert. Man rechnet also mit einer veränderungsanfälligen Organisationssituation und mit dementsprechend neu auftretendem Bedarf an organisationsinternem Knowhow. Wenn man will, kann man solche Ausbildungsabteilungen unter den genannten Voraussetzungen als Instanzen innerbetrieblicher Selbstreflexion ansehen, ohne daß dies besonders auffällt. (Wir werden im Kapitel 3 auf diesen Gedanken zurückkommen.) Jeden-

falls können sie ihrer Aufgabe ohne entsprechend entwickeltes Organisationsbewußtsein nicht nachkommen.

3. Eine weitere Entwicklung, die sich neuerdings beobachten läßt, bestätigt das. Nicht nur werden die genannten Lehrgänge zunehmend organisationsintern ausgearbeitet und durchgeführt. Innerhalb der Akademien werden sogenannte interne Serviceleistungen in Form von abteilungs- oder gruppenspezifischen Klausuren wie auch in Form von Supervision angeboten und in den entsprechenden Subeinheiten der Organisation durchgeführt. Gegenstand solcher Klausuren und Supervisionen ist die Arbeitssituation der jeweiligen Organisationseinheit. *Man kann das als Indiz dafür nehmen, daß Führen nicht mehr nur als isolierte Aufgabe einer vorgesetzten Person angesehen wird, sondern als Selbststeuerungsaufgabe der jeweiligen Einheit als Ganzer.* Das Medium dazu ist organisatorische Selbstreflexion, welche unter professioneller Leitung eingeübt werden soll.

Noch etwas zeigt sich: Man delegiert auch diese Professionalität immer weniger nur an externe Berater, sondern man sieht sie als eine organisationsintern zu verankernde Aufgabe an. Die Reflexion organisationsinterner Prozesse verschafft sich zögernd als Spezialfunktion, die in den Organisationen selbst verankert sein muß, Anerkennung. Supervision gelangt dabei als Methode der Vermittlung der entsprechenden Fähigkeit, ihrer Wiederherstellung, ihrer Vertiefung und Begleitung vermehrt zum Einsatz.

Ich will die hier angeführten Gedanken zur Situation moderner Organisationen in der Folge anhand von drei Beispielen sowohl weiterführen als auch illustrieren. Die Beispiele führen exemplarisch vor, womit Supervision in Organisationen konfrontiert ist. Das erste Beispiel stellt keine Fallstudie einer Supervision dar, wohl aber eine hochgradig supervisionsfähige und -anfällige Situation. Es illustriert den zuletzt genannten Punkt der Verwandlung von Vorgesetzten in Führungskräfte. Die weiteren Beispiele illustrieren zwei Fragestellungen von Supervision in Organisationen. Das erste Beispiel stellt die Bearbeitung von Problemen dar, welche im Übergang vom kleinen familialen Betrieb zu einer größeren hierarchisch gegliederten Organisation entstehen können. Es wurde schon erwähnt, daß dieser Übergang zumindest vorübergehend den Einsatz organisatorischer Selbstreflexion nötig macht. Der zweite Fallbericht gibt mit der Problematik von Zentrale und dezentraler Organisationseinheit ein einfaches Beispiel für einen internen Dauerkonflikt unvermeidlicher struktureller Art, der in einer Reformorganisation auftritt.

2.5 Organisatorische Folgen der Ausdifferenzierung eines Fachgebiets – ein Beispiel

Ich arbeitete lange Zeit an einer Universitätsklinik mit dem Titel „Klinik für Tiefenpsychologie und Psychotherapie". Sie stellt ein organisatorisches Subsystem der Medizinischen Fakultät der Universität dar. Wie alle universitären Organisationen bzw. organisatorischen Subsysteme, ist sie gekennzeichnet durch die Aufgabe, das Fach in Forschung und Lehre zu betreuen; dazu gehört auch eine entsprechende unter dem Primat von Forschung und Lehre stehende Praxis der tiefenpsychologischen Beratung und der Psychotherapie.

Die Organisationsstruktur klassisch hierarchischer Art sieht vor, daß der Klinikleiter den Mitarbeitern Arbeitsziele setzt, die einzelnen Tätigkeiten festlegt und verteilt, ihre Durchführung ebenso kontrolliert wie die Entwicklung der Mitarbeiter und daß er die Klinik nach außen repräsentiert. Der Vorgesetzte zeichnet verantwortlich für alles, was in seiner Klinik geschieht. Rechtlich sind die von den Mitarbeitern behandelten Klienten seine Privatpatienten. Er wird zur Rechenschaft gezogen, wenn eine Beratung oder eine Therapie mit negativen Folgen endet, z.B. wenn ein Klient Selbstmord begeht.

Je klarer abgegrenzt die eigenen Aufgaben dieser Klinik sind, desto eher und ungestörter kann sie im Rahmen der Fakultät neben den anderen Kliniken ihrer Arbeit nachkommen. Die Kontakte zwischen den Kliniken werden sich auf Konsultationen und Delegationen in einzelnen Fällen beschränken. Ansonsten wird man die Grenzen der eigenen Tätigkeit und die organisatorischen Grenzen gegenüber den Nachbarbereichen durch die entsprechende Abwertung der anderen verstärken. (Dieser aus dem Leben von Gruppen in die Organisation übernommene Mechanismus hilft, die in Organisationen sonst leicht verlorengehende Emotionalität, durch welche die Bindung an die eigene Organisationseinheit und die in ihr gestellten Aufgaben gestärkt wird, aufzufrischen.)

Nehmen wir an, diese Klinik wäre gegründet worden zu einem Zeitpunkt, zu dem es bloß eine Schule der Psychotherapie gegeben hat, sagen wir, die Psychoanalyse, oder sollen es zwei gewesen sein: die Psychoanalyse und die Verhaltenstherapie. (Das ist beinahe so, als gäbe es nur eine Schule, allerdings nur beinahe, denn jede dieser Schulen hat eine zusätzliche Aufgabe bekommen, die sie auch gerne wahrnimmt: nachzuweisen, daß die andere Schule auf falschen Grundannahmen und sonstigen Irrtümern beruht. Außer dieser Form der Rücksichtnahme, welche für die Entwicklung der eigenen Konzepte förderlich sein kann, braucht die eigene Schule die andere Schule in ihrem Forschen, Lehren und Behandeln nicht weiter zu beachten.)

Einem solchen Stand der Entwicklung des Arbeitsgegenstandes der Klinik wäre die angedeutete, rechtlich auch heute noch gültige Organisationsstruktur angemessen gewesen, sie würde der Struktur der Aufgaben entsprechen. Der Vorgesetzte wäre als hervorragender Vertreter der einen Schule dazu legitimiert, die beschriebenen Aufgaben wahrzunehmen (Zielsetzung der Klinik, Überblick, Kontrolle). Seine Mitarbeiter, alle Vertreter derselben Schule, könnten mit Fug und Recht ihre Aufgaben von ihm delegiert erhalten, und die Durchführung könnte von ihm überwacht werden.

Wie der Vorgesetzte im besonderen seine Funktion wahrnimmt, wäre seine Sache. Ob er z.B. die Ziele und Aufgaben bzw. ihre Verteilung unter die Mitarbeiter in einsamen Entscheidungen festlegt bzw. vornimmt oder ob er zu diesem Zweck die Mitarbeiter einzeln zu Gesprächen einlädt, um seine Informationen anzureichern, ob er Gruppengespräche als Entscheidungsvorbereitung durchführt oder gar versucht, im Konsens mit dem Team dazu zu gelangen – das würde zwar im Einzelfall einen großen Unterschied machen, vor allem für die Mitarbeiter, wäre jedoch grundsätzlich für diese *Art der Organisation* unter den skizzierten Bedingungen nicht von ausschlaggebender Bedeutung. Es kann so oder so geschehen, verantwortlich für die Entscheidung zeichnet der Vorgesetzte. Es ist für die Organisation immer so, als hätte er sie allein getroffen.

Es gäbe keinen Grund, die Organisation der Klinik zum Gegenstand gemeinsamer Reflexion werden zu lassen. Sie stünde außer Frage, und sie sollte außer Frage stehen, weil keine Alternative dazu notwendig wäre und weil die vorgegebenen Regeln dazu dienen sollten, den Blick auf die Aufgaben, die in überschaubarer Arbeitsteiligkeit erfüllbar sind, frei zu bekommen, ohne sich mit den Rahmenbedingungen herumschlagen zu müssen.

Die Effizienz dieser Art von Organisation liegt eben darin, daß die Aufgaben und der Rahmen ihrer Erfüllung festgelegt sind. Niemand braucht hier viel von Organisation zu verstehen, wohl aber sollte jeder auf seinem Spezialgebiet kompetent sein bzw. durch die übergeordnete Kompetenz des Vorgesetzten und sein Geschick der Menschenführung instandgesetzt werden, diese Kompetenz unter Einhaltung der hierarchischen Regeln zu entwickeln. Der Entlastungscharakter der Organisation ist offensichtlich.

Es versteht sich, daß gewisse Auflagen, die man subjektiv als Einschränkung erleben kann, den unvermeidlichen Preis für diese Entlastungsfunktion der Organisation darstellen. Gerade deshalb schließt die Tatsache, daß die Organisation nicht zum Gegenstand arbeitsbezogener Überlegungen wird, es nicht aus, daß man sich heimlich doch Gedanken über sie macht oder informell und im Tratsch Reflexionen über die organisationsinternen Prozesse (und vor allem über das Verhalten des Vorgesetzten) anstellt und seine Kritik anbringt. Aber in öffentlichen Kliniksitzungen wird man das besser lassen, will man nicht, daß der Chef andere, gelegentlich für Kritiker unliebsame Aufteilungen der Arbeit vornimmt (das Tabu der Organisation).

Unser Gedankenexperiment führt die Arbeitssituation herkömmlicher, nach hierarchischer Logik funktionierender Organisationen vor Augen. Das Beispiel soll nun zeigen, welche Schwierigkeiten die Entwicklung von Fachgebieten, die sich nach dem Muster der hierarchischen Spezialisierung ausdifferenziert haben, dieser Organisationsform bereitet.

Wissenszuwachs hat in allen Fachgebieten zur Entwicklung von Schulen geführt, die zunächst nicht so sehr auf Kooperation als auf gegenseitige Ausschließung ausgerichtet sind. Diese Situation spiegelt hierarchische Verhältnisse (die Aufteilung eines übergeordneten Gebietes in untergeordnete Gebiete, die miteinander in keiner horizontal-kooperativen Verbindung stehen) wider, zu deren Auflösung sie jedoch gleichzeitig beiträgt.

So auch in unserem Fach. Denn auch dieses hat sich ausdifferenziert, so daß es inzwischen eine kaum mehr überschaubare Fülle von psychotherapeutischen und tiefenpsychologischen Theorien und Techniken gibt. Außerdem hat die blühende Entwicklung dieser Profession zu übergreifenden Überlegungen geführt, in denen es um rechtliche Regelungen geht, die einen Beitrag zur Institutionalisierung dieses Berufsstandes darstellen – mit allen Folgen für Ausbildung und Lehre. Das kann nicht ohne Auswirkung auf unsere Klinik bleiben.

Will man nicht hinter der Entwicklung des Fachgebietes zurückbleiben, so kann man sich als Universitätsklinik (noch dazu im Wettbewerb mit vergleichbaren Einrichtungen an anderen Universitäten) die Beschränkungen auf nur *eine* tiefenpsychologische und psychotherapeutische Schule nicht gut leisten. Man muß zumindest einige der wichtigsten Entwicklungen repräsentieren. Das hat unabsehbare Konsequenzen für die Zusammensetzung der Mitarbeiter, für Arbeitsweise und Organisation der Klinik und schließlich für deren Leitung.

Die Klinik beherbergt also Vertreter, sagen wir, der Psychoanalyse Freudscher Richtung, der Tiefenpsychologie Jungscher und Adlerianischer Richtung, einen Gruppentherapeuten der Foulkschen Schule, systemische Familientherapeuten, Gesprächs-, Verhaltens- und Körpertherapeuten. Keiner kann mehr so recht wissen, was der andere tut, denn auf einem der genannten Fachgebiete eine entsprechende Kompetenz zu erwerben und zu vertiefen ist Sache der Schulung von vielen Jahren und Sache der laufenden Ausübung der Tätigkeit.

Man könnte der Meinung sein, dies stelle nichts Neues gegenüber dem soeben konstruierten einfachen, hierarchisch funktionierenden Zustand der Klinik dar. Auch dort hätten die Kollegen voneinander nicht gewußt, was der andere tut. Der gravierende Unterschied liegt darin, daß diesmal auch der Chef von der allgemeinen Unwissenheit, welche damit ihre den Arbeitsfrieden sichernde Funktion verloren hat, ergriffen ist – und das macht angesichts seiner Aufgabe mehr als einen quantitativen Unterschied. Denn die organisatorische Funktion der Unwissenheit der Kollegen voneinander lebte sozusagen von der übergeordneten Position des Vorgesetzten und von seinem Überblick. Nun ist aber auch der genialste Vorgesetzte nicht mehr in der Lage, einen qualifizierten Überblick zu haben, geschweige denn die verschiedenen Methoden zu beherrschen. Er kann seine Funktion der Verteilung von Aufgaben und der Kontrolle ihrer Durchführung nicht mehr entsprechend seiner hierarchischen Verantwortung, die ihm jedoch geblieben ist, erfüllen.

In der vorhin konstruierten einfacheren Situation wäre es dem Vorgesetzten möglich, einen Klienten einem bestimmten Mitarbeiter zuzuteilen und diesen in der Durchführung der Arbeit zu unterstützen. Aufgrund seiner Kenntnis der Behandlungsmethode, die in der Klinik vertreten ist, und auch aufgrund seiner Kenntnis, sagen wir, der persönlichen Vorlieben, Stärken und Schwächen, aber auch der Forschungsinteressen der einzelnen Mitarbeiter könnte eine solche Zuweisung (auch menschlich) sinnvoll sein.

In der gegenwärtigen Situation kann ein psychoanalytischer Leiter der Klinik entsprechende Forschungsvorhaben z.B. eines systemisch arbeitenden Familientherapeuten nicht mehr fachgerecht besprechen, geschweige denn vorgeben oder kontrollieren. Schlimmer noch, er kann nicht einmal mehr einen Klienten sachgerecht zur Behandlung überweisen. Denn wie soll er in Unkenntnis der vertretenen Methoden sagen können, welche Behandlungsweise für welche Art von Klientenproblem die adäquateste darstellt? Der Vorgesetzte kann diese Aufgabe auch an keinen Stellvertreter oder dazu ernannten Spezialisten delegieren. Denn jedem der Mitarbeiter geht es so wie ihm selbst. Es gibt keinen übergeordneten Spezialisten mehr, der für Auswahl und Aufteilung von Aufgaben verantwortlich sein kann.

Wie ist es dann noch möglich, sinnvoll zu arbeiten? Wenn kein einzelner mehr die wichtigen Entscheidungen treffen kann, so liegt es nahe, zu sagen, daß es alle zusammen als Team tun müssen. Und das sagt sich auch ganz leicht. Aber weiß man, was man hier sagt? Weiß man, was das für die Arbeit in dieser Organisation, für die Organisation selbst und für ihre Steuerung bedeutet? Der Dramatik halber, mit der aufmerksam gemacht werden soll auf die einschneidenden Veränderungen für das Organisationssystem, möchte ich sagen: Nein, man weiß es nicht.

Denn zur Bewältigung solcher Entwicklungen genügt es nicht, sich mit Teamarbeit zu befassen, Kenntnisse über das Team als Arbeitsinstrument zu erwerben, Fähigkeiten seiner Steuerung einzuüben und all das sachgerecht anzuwenden. Wenn aus Gründen der zunehmenden Komplexität neue Instrumente, die deren Bewältigung dienen sollen, in bestehende Organisationen eingeführt werden müssen, so hat das weitreichende Konsequenzen: Die bisherige Organisationsstruktur wird in eine unvorhersehbare Bewegung gebracht, welche gravierende Rückwirkungen nicht nur auf alle Arbeitsbedingungen und -abläufe, auf die Führungs- und Verantwortungssituation hat, sondern letztlich auch auf das Fach, seine Theorien und Methoden.

Wie sieht das in unserem Fall aus? Mit der methoden- und schulübergreifenden Teamarbeit ist eine neue Arbeitsform, die der bisherigen Struktur und den durch sie geprägten Arbeitshaltungen der Mitarbeiter entgegenläuft, eingeführt worden. Hat bisher im Idealfall nur eine Person (der für die gesamte Arbeit verantwortliche Chef) die Entscheidungen getroffen, haben die Mitarbeiter die daraus folgende Arbeit durchgeführt, so müssen nun die Mitarbeiter selbst entscheiden (z.B. welcher Klient mit welcher Methode behandelt werden soll).

Damit hat sich nicht nur der Kreis der Entscheidungen treffenden Personen bei gleichbleibendem Modell der Entscheidung, vielmehr hat sich dieses selbst, hat sich also die *Art der Entscheidung qualitativ geändert*. Das bedeutet eine Veränderung der Funktions- und Arbeitsweise aller Beteiligten in eine Richtung, der nichts Vergleichbares vorangegangen ist:

1. Es bedeutet zunächst den Erwerb einer veränderten Haltung in bezug auf die Übernahme von Entscheidungsverantwortung. Es verlangt weiters den Erwerb sozialer Fähigkeiten, die man in der hierarchisch isolierten und abgesicherten Einzelarbeitssituation nicht benötigt und daher auch nicht erlernt. Sie müssen nun mühsam erworben werden. Man kann nicht voraussetzen, daß Teams durch das Zusammenbringen von Einzelarbeitern konstruiert, geschweige denn arbeitsfähig werden. Darüber hinaus haben Teams, wie schon erwähnt, eine spezifische Entwicklungsdynamik und sind sehr störanfällige Arbeitsinstrumente, die einer laufenden Reflexion auf ihre Arbeitsweise bedürfen.

2. Man führt also nicht nur ein neues Instrument ein, das die Arbeits- und Funktionsweise der Klinik verändert. Es gehört zu diesem Instrument, daß es selbst zum Gegenstand der Arbeit wird. Damit ergibt sich, daß die Führungsaufgabe des Vorgesetzten sich auf ebenso gravierende Weise verändert. Statt der übergeordnete „beste" Experte zu sein, wird er zum Berater und Moderator eines Prozesses (der Entwicklung des Teams), den er professionell zu steuern hat. Dieses Steuern heißt, daran sei erinnert, gerade nicht festle-

gen, was wer zu tun hat, sondern Hindernisse der Selbststeuerung des Teams sichtbar machen und bearbeiten helfen.

Damit tritt eine neue Komplikation ein. Denn die vorgegebene hierarchische Struktur bleibt de jure bestehen. Der Vorgesetzte bleibt auch unter diesen veränderten Arbeitsbedingungen verantwortlich für die fachgerechte Erfüllung der Aufgaben seiner Mitarbeiter, er muß Überblick und Kontrolle haben. Bloß, er kann das nicht mehr können. Er befindet sich in einem nicht auflösbaren Widerspruch. Seine Position bleibt hierarchisch definiert, aber nicht mehr hierarchisch ausübbar. Er muß in der Unvereinbarkeit zweier einander widersprechender Organisationsanforderungen arbeiten. Dies wird er nur aushalten bei entsprechendem Organisationsbewußtsein.

Das allein genügt nicht. Er braucht darüber hinaus die Reflexion dieses Problems durch das Team. Denn das Team befindet sich ebenso – wenn auch mit anderer Funktion – in dem Widerspruch einer hierarchisch vorgegebenen Organisationsstruktur und einer im Gegensatz dazu stehenden Teamstruktur, in welcher die Aufgaben de facto erfüllt werden. Man denke nur an den Widerspruch zwischen weiterhin hierarchisch bestimmten Karrieremöglichkeiten und den Ansprüchen der inhaltlich nötig gewordenen Kooperation im Team.

Ohne ein entsprechendes gemeinsames Verständnis der hier skizzierten in sich widersprüchlichen Entwicklung und ihrer Auswirkungen wird man für das dauernde Dilemma, in dem man sich befindet, entweder unangemessene Lösungswege suchen (wie z.B. karriereförderlichen Boykott der Teamarbeit oder Dienst nach Vorschrift oder eine Auftrags- und Kontrollstruktur, die den Prinzipien der Teamarbeit zuwiderläuft); oder man wird sich den Anforderungen sachgerecht anpassen, dabei die sich unvermeidlich ergebenden Widersprüche erleben, sie sich subjektiv als Unfähigkeit, allen Anforderungen gerecht zu werden, zuschreiben und für die sich daraus ergebenden Konflikte einen Schuldigen suchen.

Diese Situation ist nur mehr bewältigbar durch Organisationsbewußtsein, das in gemeinsamer Reflexion der Arbeitssituation wirksam wird: Es bedarf der organisatorischen Selbstreflexion, um zu verstehen, wie eine solche Situation durch Differenzierung des Arbeitsgebietes entsteht, welche Anforderungen sie stellt, in welchen Widersprüchen diese zu den vorgegebenen Organisationsstrukturen stehen, welche neuen organisatorischen Elemente dies erforderlich macht, usw.

Es gilt überdies zu verstehen, in welchem Widerspruch eine solche Reflexion zu den herkömmlichen Tabus der Reflexion der Organisation steht. Und es gilt zu begreifen, daß dieser Widerspruch eine zusätzliche Schwierigkeit in der Einführung und aufgabenbezogenen Installierung von organisatorischer Selbstreflexion darstellt. Denn diese wird nicht deshalb veranstaltet, weil irgend jemand sich entlasten oder raunzen möchte, sondern weil sie eine Voraussetzung gelingender Arbeit darstellt. (Organisatorische Selbstreflexion hat gemeinsam mit den Strukturen der Arbeit sich selbst als eine neue Struktur zum Gegenstand.)

3. Zusätzlich zu all dem muß man darauf gefaßt sein, daß die beschriebene Entwicklung mit ihren neuen Organisationsformen von Arbeit unter Umständen ungeplante Auswirkungen auf das Fach selbst, auf die Auffassung dessen hat, was als „Wahrheit", Genauigkeit, korrektes professionelles Vorgehen gilt. Dabei können ebenso ungeplante neue Arbeitsgebiete entstehen, die wiederum einer Professionalisierung zugeführt werden. Auch für solche Weiterentwicklungen, die in zunehmender Beschleunigung zu erwarten sind, bedarf es einer gemeinsamen Reflexion der Angemessenheit der Organisation.

Wir haben hier den interessanten Fall, daß die Zunahme der Komplexität eines Arbeitsgebiets nicht nur neue Arbeitsinstrumente (Teamarbeit) nach sich zieht, durch deren Einsatz Organisationsstrukturen in Bewegung geraten. Wir finden uns darüber hinaus und eben dadurch mit der Entwicklung neuer Techniken auf dem Gebiet der Beratung und Therapie konfrontiert, welche die professionelle Szene noch komplexer werden lassen und ihrerseits wiederum zu neuen Entwicklungen Anlaß geben.

Das sieht in unserem Klinikbeispiel so aus: Hat der Methodenpluralismus es notwendig gemacht, zur klientenorientierten, fachgerechten Betreuung der Ratsuchenden Teams als Arbeitsinstrumente einzuführen (weil ohne diese keine angemessenen Entscheidungen mehr getroffen werden können), so hat dies wiederum rückwirkend Konsequenzen für die Einzelarbeit jedes Mitarbeiters. Denn damit eine Entscheidung im Team möglich wird, muß jeder Mitarbeiter seine fachliche Expertise zur Verfügung stellen. Aber er tut das nicht, um sich mit seiner Auffassung gegen die anderen durchzusetzen, sondern um eine qualifizierte methodenübergreifende Entscheidung herbeiführen zu helfen. Das verlangt von ihm äußerst widersprüchliche Haltung seiner Methode gegenüber: Er muß sich seinerseits weiterhin hochgradig mit ihr identifizieren und aus dieser Haltung heraus im Team argumentieren. Sie bleibt das primäre fachliche Arbeitsinstrument, über das er verfügt. Er muß andererseits in eine relativierende Distanz dazu treten, in Ansätzen in der Lage sein, seine Arbeitsmethode mit den Augen der konkurrierenden Methoden zu sehen. Wo hat er das gelernt? In der Ausbildung zu seiner Methode sicher nicht. Es bedarf dazu fachlich neuer Qualifikationen, um diese relativierende Metareflexion – allein und gemeinsam im multimethodischen Team – anzustellen, Qualifikationen, die ihre Auswirkungen auf das methodische Selbstverständnis seiner Arbeit haben. Denn was bleibt von der „Wahrheit" der eigenen Methode und der zugrundeliegenden Theoriegebäude über nach solchem Vorgehen: ihre beschränkte Brauchbarkeit. Es kann auf Dauer nicht ausbleiben, daß solche Einsichten auch innerhalb der Schulen und Methoden ihre Auswirkungen zeitigen: auf die wissenschaftstheoretische Begründung und Position, aber auch auf Theorie und Technik, auf das, was als professionell gilt. Einsichten des Konstruktivismus können hier brauchbar sein (Buchinger 1995).

Fachliche Auswirkungen der genannten Art hatte die methodenpluralistische Teamarbeit an unserer Klinik auf das therapeutische Erstgespräch: War es früher ausreichend, Erstgespräche mit dem Klienten nach der jeweiligen Beratungs- oder Therapiemethode des Therapeuten durchzuführen, weil es darum ging, die Behandlungsfähigkeit des Klienten im Rahmen der eigenen Methode zu überprüfen und daraus ein entsprechendes Behandlungsarrangement abzuleiten, so bekommt nun das Erstgespräch einen anderen Stellenwert. Es hat die schulübergreifende Aufgabe, Informationsvoraussetzungen für eine Teamentscheidung zu liefern, in deren Folge die Zuweisung zu einem Therapeuten vorgenommen wird. Diese ungeplante Veränderung der Funktion des Erstgespräches bedarf eines veränderten Vorgehens. Das führt zu Forschungsarbeiten, deren Ziel die Professionalisierung von Erstgesprächen unter den genannten methodenpluralistischen Bedingungen darstellt (Buchinger 1992b).

4. Was bisher unberücksichtigt gelassen wurde, hier kurz Erwähnung finden, uns später noch ausführlicher beschäftigen soll, sind die Folgen, welche die Entwicklung unseres Fachgebietes in der relevanten Umwelt hat, und wie diese zurückwirken auf unsere Tätigkeit und ihre Organisation. Die vielfach und in vielen miteinander konkurrierenden Schulen vorangehende Entwicklung der Psychotherapie, die ihrerseits eine Resonanz auf einen entsprechenden gesellschaftlichen Bedarf darstellt, führt zu Bemühungen um Abgrenzung der Psychotherapie von anderen Formen der Behandlung. Dies hat in unserem Land die Verabschiedung eines Psychotherapiegesetzes gebracht. Das wiederum hat Folgen für die Ausbildung, welche nicht ganz ohne einen Ort an einer universitären Einrichtung, wie sie unsere Klinik ist, auskommen wird. Das heißt, die Komplexität des Faches, zu deren Entwicklung Kliniken, wie die unsere, beigetragen haben und weiter beitragen, hat auf diesem Weg über die Umwelt auch zusätzliche Rückwirkungen auf die Klinik, Rückwirkungen, die unter Umständen wiederum eine neue Organisationsstruktur verlangen. So werden z.B. zu den genannten Zwecken (einer zu institutionalisierenden Ausbildung) die Kooperationen mit den benachbarten Kliniken neu überdacht und schwierige ausbildungsbezogene Integrationsleistungen vorgenommen werden müssen.

Dieses in Bewegung geratene Verhältnis von Fachgebiet und relevanten Umwelten gilt es mitzusehen, will man die Veränderungen verstehen, denen Organisationen ausgesetzt sind, oder genauer gesagt: die von nun an integrierter „Bestandteil" der Organisationen sind, den diese mit eigener selbstreflexiver Aktivität angemessen zu verwalten haben. Es wird daher hilfreich sein, wenn Supervision in Organisationen in der Lage ist, das Austauschverhältnis von Organisation und Umwelt mitzureflektieren.

Theoretische Schlüsse

Unser Beispiel illustriert einen typischen, immer häufiger anzutreffenden Sachverhalt, von dem weiter oben im Zusammenhang mit dem Aussterben einfacher Organisationen die Rede war: Es illustriert das Komplexerwerden von Organisationen, das seinen Grund nicht in deren *Größenwachstum bzw. internen Ausdifferenzierung* von Aufgaben hat, sondern in der *Entwicklung bzw. Komplexität des*

Fachgebietes, das in der Organisation verwaltet wird.[5] (Schwierigkeiten, die mit den beiden anderen Gründen der Zunahme organisatorischer Komplexität zu tun haben, werden in den folgenden Fallbeispielen im Vordergrund stehen.)

Die Ausdifferenzierung von Fachgebieten – wenn man in der Lage ist, sie als Zunahme der Komplexität des jeweiligen Faches bzw. seines Objektbereiches zu verstehen – konfrontiert die Organisationen immer häufiger mit Aufgaben, die mit den Mitteln, über die diese traditionell verfügen, nicht mehr adäquat gelöst werden können. Das heißt (insbesondere in Expertenorganisationen, wie unser Beispiel eine darstellt) noch lange nicht, daß die Organisationen deshalb einer Reform unterzogen werden. Das geschieht, wenn überhaupt, so meist erst mit entsprechender Verzögerung. Dabei kann es vorkommen, daß die Organisationsreform der Realität schon wieder nachhinkt, weil das Fach sich in der Zwischenzeit seinerseits weiterentwickelt hat.

Was aber geschieht, ist die Einführung von Arbeitsinstrumenten, die üblicherweise einigen Grundzügen der traditionellen Organisation widersprechen. In unserem Fall besteht das eingeführte Arbeitsinstrument in Teambesprechungen, in denen fachlich wichtige Entscheidungen nur mehr methodenübergreifend getroffen werden können.

Sowohl die Eigendynamik der Teamarbeit (deren Schwierigkeiten nicht alleine mittels gruppendynamischer Kenntnisse bewältigbar sind, sondern durch ein Verständnis der Probleme, die sich aus inhaltlich-fachlich bedingten Haltungen ergeben) als auch der Widerspruch zwischen Teamorganisation und übergeordneter, sagen wir, Abteilungs- oder in unserem Fall Klinikorganisation verlangen organisatorische Selbstreflexion als Steuerungsinstrument. Auch die Schwierigkeiten, mit denen Mitarbeiter und Vorgesetzte in diesen Prozessen konfrontiert werden und die gerne kurzschlüssig als personenbedingt oder gruppendynamisch diagnostiziert werden, sind über organisatorische Selbstreflexion einem adäquaten Verständnis zuführbar.

Nun ist in unserem Beispiel – und ähnlich gelagerten Fällen, wie sie in den meisten Organisationen im Bereich helfender und beratender Berufe zu finden sind – der Einsatz von Supervision besonders brauchbar zur Durchführung der organisatorischen Selbst-

5 vergleiche dazu Buchinger (1993)

reflexion: Die fachliche Arbeit in diesen Organisationen ist emotional und psychisch derart belastend oder ihrerseits selbstreflexiv (allerdings meist auf einer personen- oder bestenfalls interaktionsorientierten Ebene, wie in den therapeutischen und beratenden Berufen), daß es eine sehr hohe Anforderung darstellt, die nötige Distanz und die entsprechende Abstraktionsleistung aufzubringen, die organisatorische Selbstreflexion braucht. Die Gefahr, daß es auf einer psychologisierenden Ebene bloß um Entlastung geht und daß die wirkliche, haltbare, Arbeitsenergie freisetzende Entlastung, welche organisationsbezogene Selbstreflexion der Arbeit mit sich bringt, nicht gefunden wird, ist groß. Um so naheliegender, die Selbstreflexion mit Hilfe von Supervision durchzuführen.

Immer mehr helfende und beratende Berufe werden (sowohl aufgrund der komplexer werdenden internen beruflichen Strukturen als auch aufgrund der komplexer werdenden Aufgaben) in Organisationen ausgeübt werden, die derjenigen unseres Beispiels vergleichbar sind auch wenn es sich nicht um universitäre Institute handelt. Supervision wird, wie es sich bereits heute abzeichnet, zu einem integrierten Bestandteil der Berufsausübung werden. Sie wird ihre Aufgabe aber nur angemessen erfüllen können, wenn sie organisationsbezogen vorgeht.

2.6 FALLBEISPIEL 4: DER PARANOIDE FIRMENCHEF ODER DAS VERHÄLTNIS VON ORGANISATIONSSTRUKTUR UND FÜHRUNGSSTIL[6]

Das Beispiel stammt aus der Supervision von Organisationsberatern in Ausbildung.

Ein Teilnehmer der Supervision berichtet folgenden Fall: Er ist eben dabei, einen Auftrag in einem mittelgroßen, Maschinen herstellenden Unternehmen zu erhalten, in welchem kurz davor zwei Beratungsversuche gescheitert waren. Der Grund, warum der Chef und Inhaber des Betriebs einen dritten Beratungsauftrag vergeben möchte, liegt in den aus seiner Sicht nach wie vor zunehmenden Schwierigkeiten, die er mit seinen Abteilungsleitern hat.

6 Dem Beispiel liegt mit kleinen Veränderungen ein Artikel in der Zeitschrift *Gruppendynamik* zugrunde (Buchinger 1991c) mit dem Titel „Der paranoide Firmenchef: Organisationsberatung, gruppendynamisch oder systemisch".

Diese, so teilte er dem Supervisanden im ersten Gespräch mit, seien ihm gegenüber nicht kooperativ, versuchen, ihm den Kontakt zu seinen altgedienten Mitarbeitern abzuschneiden; ja manchmal verdächtigte er sie des Wunsches, ihn überhaupt aus seiner Firma hinauszudrängen, so als wäre er nicht mehr in der Lage, sein eigenes Unternehmen kompetent zu führen. Und dies obwohl gerade sein bisheriger Erfolg der Grund für die Anstellung der Abteilungsleiter gewesen sei. Erst vor kurzem sei die Funktion des Abteilungsleiters im Rahmen einer von ihm nach langem Zögern, aber schließlich mit viel Energie durchgeführten tiefgreifenden Veränderung der Organisationsstruktur des Betriebes geschaffen worden. Die Strukturreform sei notwendig geworden durch das erfolgsbedingte Wachstum der Firma, den in der Folge höheren Grad an Spezialisierung und die zunehmende Ausdifferenzierung und Professionalisierung verschiedener Funktionen, die bis dahin zum Gutteil der Chef selbst wahrgenommen hatte.

Er sei sich im klaren gewesen, daß die Einführung einer Abteilungsgliederung und die damit verbundene stärkere Hierarchisierung der Organisation einen gravierenden Einschnitt darstelle, der mit erheblicher Verunsicherung der Mitarbeiter verbunden sein könnte. Die familiale Atmosphäre des früher kleineren Betriebes werde mit einem solchen Schritt schließlich gefährdet. Weil er dies wisse und um die Motivation der Mitarbeiter besorgt war, habe er vor Einführung der neuen Organisation versucht, bei den Mitarbeitern ein sachbezogenes Verständnis für die Strukturreform zu wekken; nach ihrer Einführung habe er in verstärktem Ausmaß versucht, sich ihrer Sorgen anzunehmen, um zu demonstrieren, daß der familiale Zusammenhalt doch nicht ganz verlorengegangen sei. Außerdem habe er mit großer Sorgfalt darauf geachtet, passende, hochqualifizierte, ihre Führungsaufgabe ernstnehmende Abteilungsleiter einzustellen. So gut der Eindruck war, der zu ihrer Aufnahme ins Unternehmen geführt hatte, so sehr zweifle der Chef nun daran, ob er die richtige Wahl getroffen habe.

Wichtig für unsere Überlegungen in der Supervision war die Geschichte der beiden erfolglosen Beratungen, die den Grund dafür abgaben, daß der Supervisand, als dritter Berater-Kandidat dieser Firma, den Fall zur Diskussion stellte.

Die kurze Karriere des ersten Beraters in dem Unternehmen hatte folgenden Verlauf genommen: Er hatte ausführliche Interviews mit Chef und Abteilungsleitern geführt, die ihn davon überzeugten, daß diese tatsächlich hochqualifiziert sind, eine korrekte Vorstellung von ihrer Aufgabe haben und mit viel Mühe und Einsatz versuchen, sie gut zu erfüllen. Ihrer eigenen Meinung nach gelingt ihnen das aber deshalb nur mangelhaft, weil der Chef sie daran behindert. Er versuche, so behaupteten sie, die an sie delegierten Funktionen immer wieder selbst wahrzunehmen, greife überall ein, halte sich nicht an die Linie, die er selbst aufgebaut hat, vergebe vielmehr unter Umgehung der Abteilungsleiter auf direktem Wege Aufträge an deren Mitarbeiter. Diese, die in den meisten Fällen die ältere Loyalität zum Chef haben, fühlen sich dadurch aufgewertet. Ein solches Vorgehen des Chefs komme auf der anderen Seite einer Abwertung der Abteilungsleiter gleich, die den Mitarbeitern als Repräsentanten der feindlich erlebten Hierarchie ohnehin lästig sind.

Was die Abteilungsleiter aber besonders unerträglich fanden, war die Tatsache, daß der Chef sich überdies bei den Mitarbeitern über sie, die Abteilungsleiter, beschwere und Argumente vorbringe, die einen Verdacht verstärkten, den die Abteilungsleiter aus ihren Arbeitskontakten zum Chef schon gewonnen hatten, nämlich daß er an Verfolgungswahn leide.

All dies bestätigte den Berater, der übrigens auch als Psychotherapeut tätig war, in seinem eigenen Verdacht. Er kam zur Diagnose, daß der Chef selbst das Firmenproblem darstellt: Die Organisationsreform hatte bei ihm tatsächlich paranoide Vorstellungen ausgelöst, die aber nicht in dieser Reform und ihren Konsequenzen, sondern in seiner Persönlichkeit grundgelegt seien und daher auch individuell behandelt werden müssen. Eine Paranoia in der Position des Chefs könnte zu erheblichen Einbußen der Funktionsfähigkeit des Betriebes führen.

Der erste Berater setzte folgende Intervention. Er beruhigte den Chef, daß in seinem Betrieb alles in Ordnung sei, daß die Abteilungsleiter tatsächlich gut ausgewählt waren. Er meinte, daß es bloß darum ginge, die durch die organisatorische Umstellung ausgelöste sensitive Wahrnehmung des Chefs zu adaptieren, danach würde sich die Situation von selbst beruhigen. Dazu wäre es günstig, sich mit der Persönlichkeit des Chefs, eventuell auch seiner Lebensgeschichte und ihrer Problematik zu befassen. Zwei Sitzungen in der Woche über einen mittleren Zeitraum würden ausreichen.

Der nicht nur sensitive, sondern auch sensible Chef brach daraufhin den Arbeitskontakt zum Berater ab. Er warf diesem vor, seine Neutralität als Berater verloren und sich mit den Abteilungsleitern gegen ihn, den Chef, verbündet zu haben. Er überträfe diese sogar, indem er dem Chef nicht nur die Schuld an dem Firmenproblem gibt, sondern ihn auch noch für verrückt erklärt.

Ein zweiter Berater wurde engagiert. Auch er nahm die offensichtlichen Verfolgungsideen des Firmenchefs zur Kenntnis, beurteilte sie in dem ihm vorgelegten Zusammenhang jedoch nicht als individuelles Problem dieser Persönlichkeit, sondern als Symptom eines gestörten sozialen Gefüges. Sicher, so meinte der zweite Berater, mag es eine in der Lebensgeschichte des Chefs verankerte Disposition zur Entwicklung paranoider Ideen geben; daß diese aber gerade jetzt, infolge der Strukturreform seines Betriebes aktualisiert wird, war für den Berater ein Indiz eines nicht adäquat gelösten Problems dieser Reform.

Seine Diagnose enthielt folgende Überlegungen. Bis zur Strukturreform hatte es in der Firma einen Gruppenzusammenhalt gegeben, in dem der Chef mit seinen Mitarbeitern eingebettet, emotional aufgehoben und erfolgreich tätig war. Der Chef hatte das damals kleinere Unternehmen patriarchalisch-familial führen, die meisten Probleme in direktem Kontakt mit seinen Mitarbeitern lösen können – mit einem hohen Ausmaß an Vertrauen, persönlicher Präsenz und einem Minimum an formalisierten Regeln.

Nun waren, so meinte der zweiter Berater, dem Chef die Konsequenzen der Strukturreform klar, allerdings mit einer wichtigen Ausnahme. Er realisierte nicht, daß auch er auf die Installierung hierarchischer Strukturen, auf den höheren Grad an Formalisierung von Regeln und Vorschriften, auf die Zunahme indirekter Kommunikation reagierte, daß dies alles auch ihn betraf. Die von ihm durchgeführte Organisationsreform hatte seine langjährige Bezugsgruppe, in der er die zentrale Rolle erfolgreich gespielt hatte, aufgelöst. Er hatte Schwierigkeiten, sich mit diesem Verlust abzufinden und versuchte, über die von ihm eingezogene hierarchische Ebene hinweg, die alten Arbeitskontakte, wie gewohnt, in patriarchalisch-familialer Weise zu pflegen, sehr zum Leidwesen seiner Abteilungsleiter. Da er nicht sah, daß dieser Verlust eine unvermeidliche Folge der Reform war, mußte er in seinen alten Bemühungen um die Mitarbeiter die Abteilungsleiter als die relevanten Störfaktoren erleben

– standen sie doch tatsächlich (allerdings strukturbedingt) zwischen ihm und den Mitarbeitern. Er konnte sie deshalb auch nicht als seine neue Bezugsgruppe, mit der er entsprechend der neuen Organisationsstuktur die engsten Arbeitskontakte zu knüpfen hatte, sehen, sondern mußte sie als Bedrohung seiner angestammten Rechte erleben.

Das Problem lag nach Meinung des zweiten Beraters darin, daß es dem Chef aus nachvollziehbaren Gründen nicht gelungen war, die für seine Arbeit relevante Bezugsgruppe mit der Reform zu wechseln. Diesen Wechsel zu ermöglichen und zu begleiten hielt er für die Aufgabe der Beratung.

Die Intervention, die der Berater zu diesem Zweck zunächst setzte, war, ein gruppendynamisches Teamtraining vorzuschlagen, was angenommen wurde. Als jedoch im Laufe dieser Maßnahme die aufgestauten Emotionen zur Sprache kamen, das Mißtrauen zwischen Chef und Abteilungsleitern wuchs, Angst geäußert wurde, daß man, wenn man weiter so gegeneinander ausgespielt würde, nach dem Training vielleicht überhaupt nicht mehr miteinander arbeiten können werde, da brachten Chef und Abteilungsleiter das erste Mal in einem Punkt Konsens zustande. Sie fanden die Arbeit des Beraters konterproduktiv und überlegten, sich von ihm zu trennen. Dem Berater gelang es, sie zu überzeugen, daß sie ein Autoritätsproblem, welches sie miteinander hätten, stellvertretend an ihm lösen wollten. Da jede der beiden Parteien den Verdacht hatte, die andere wolle sich von ihr trennen, sie loswerden, fühlten beide sich durch die Deutung angesprochen. Als aber auch die fortgesetzte Arbeit mit dem Berater zu keiner Lösung der innerbetrieblichen Problematik führte, trennte man sich doch lieber von ihm.

Soweit die vom Supervisanden berichtete Vorgeschichte, die ihn sehr beschäftigte. Er fürchtete, daß ihm die negativen Erfahrungen des Auftraggebers mit den beiden glücklosen Beratern seine Arbeit erschweren werden. Die Supervision machte jedoch deutlich, daß die beiden abgebrochenen Anläufe zu einer Beratung nicht nur eine Belastung, sondern auch eine Erleichterung für ihn darstellten. Sie lieferten wichtige Informationen, die uns halfen, eine genauere Diagnose der in Frage stehenden Problematik und einen präzisen Fokus ihrer Bearbeitung zu formulieren. Dabei konnte man zum Teil an die Überlegungen der beiden ersten Berater anknüpfen.

Schließlich stellte das Verhalten des Chefs das manifeste Problem dar. Soweit stimmte die Diagnose des ersten Beraters, aber nicht weiter. Wir stellten in der Supervision folgende Überlegung an: Wenn man das Problem, wie der erste Berater getan hatte, unter einem therapeutischen Gesichtspunkt betrachtet, dann spielt die aktuelle Situation der Organisation zwar die Rolle eines Auslösers der individuellen Störung einer Person. Man kann dann Verständnis dafür zeigen, daß der Verlust einer stabilisierenden und Sicherheit spendenden Umwelt (wie ihn der Übergang von einem familial-patriarchalisch geführten kleinen zu einem hierarchisch gegliederten größeren Betrieb darstellt) die psychische Störung einer Person ans Tageslicht bringt. Aber bei der therapeutischen Behebung der Störung spielt diese Umwelt keine maßgebliche Rolle mehr. Man muß nur mehr korrekt therapeutisch vorgehen und fühlt sich dazu im Rahmen des Beratungsauftrages legitimiert, weil sich die in Frage stehende Person an zentraler Stelle einer Organisation befindet, in der sie durch ihre Störung sehr viel Schaden verursachen kann.

Mit dieser Umdefinition einer organisationsbezogenen zu einer personenbezogenen Fragestellung hat der Berater den Boden der Organisationsberatung verlassen und den der Einzeltherapie betreten. Da dieser Wechsel allerdings *im Rahmen* einer Organisationsberatung vorgenommen wurde, bekommt er im vorliegenden Kontext die Bedeutung einer Schuldzuschreibung an die betroffene Person. *Weil* sie gestört ist, bringt *sie* den Betrieb durcheinander. Wenn diese Person der Auftraggeber selbst ist, dann wird sie handeln wie in unserem Beispiel und den Berater wechseln. (Der kluge paranoide Firmenchef hat damit den ersten Berater vor einem größeren Mißerfolg bewahrt: Die Therapie hätte nämlich bestenfalls das persönliche Problem des Chefs behoben, nicht das Problem der Organisation.)

Wenn man als Berater diagnostisch am Verhalten des Chefs ansetzen möchte, dann gilt es klarzustellen, daß es in unserem Kontext nicht vordringlich um das Verhalten einer Person mit ihren Auffälligkeiten geht, aus denen man auf ihre Charakterstruktur schließen kann. Vielmehr geht es um das Führungsverhalten eines Funktionsträgers, das als solches nur im Rahmen des sozialen Systems, in dem es ausgeübt wird, adäquat eingeschätzt werden kann. An dieses Führungsverhalten muß die Frage gestellt werden, ob es der Organisationsstruktur und den in ihr vorgesehenen Prozessen angemessen ist, bzw. welchen Sinn es sonst haben kann.

In dieser Fragestellung half uns in der Supervision die Diagnose des zweiten Beraters weiter. Er hatte versucht, das Verhalten des Chefs aus dem sozialen Kontext der Organisation und ihrer Geschichte zu verstehen. Dennoch griff seine Hypothese für ein organisationsbezogenes Verständnis der vorgelegten Problematik insofern zu kurz, als sie in der Frage der Gruppenzugehörigkeit des Chefs bloß den Aspekt des *Wechsels* der Bezugsgruppe hervorhob und ihn nicht, zumindest nicht explizit genug, mit der Frage nach der *Art* der Zugehörigkeit in der neuen Struktur verbunden hatte. Anders gesagt, kam die Frage nach der Funktionalität des Führungsverhaltens des Chefs im Rahmen der neuen Organisation in der Hypothese des zweiten Beraters zu kurz.

Das mußte sich auch auf die von ihm vorgeschlagene Maßnahme auswirken. So wichtig der Versuch war, Kooperation im neuen Führungsgremium zu ermöglichen, so fraglich ist es, ob dieses Ziel durch ein Teamtraining erreicht werden konnte, in dem vorwiegend auf der Beziehungsebene gearbeitet wurde. *Die beraterische Arbeit auf der Beziehungsebene bringt im Arbeitsalltag einer Organisation dann keine nennenswerte Veränderung, wenn das Problem, um das es geht, in der Struktur der Organisation und ihrer Entwicklung bzw. den sich daraus ergebenden Funktionen begründet ist.* Auf der Beziehungsebene allein konnte daher in unserem Fall kein organisationsbezogenes Verständnis des Zusammenspiels von Funktionen, die im Rahmen der neuen hierarchischen Struktur (insbesondere für den Chef) neu zu definieren waren, erzielt werden. Die Spannungen und Schwierigkeiten auf der Beziehungsebene waren selbst eine Folge neuer organisatorischer Verhältnisse.

Unser Beispiel zeigt überdies die Gefahr, daß die Fokussierung beraterischer Aktivität auf die Beziehungsebene wiederum als Schuldzuschreibung, im vorliegenden Fall also als Vorwurf an die mangelnde Kooperationsbereitschaft der Beteiligten aufgefaßt werden kann. Dies um so mehr, je motivierter die Funktionsträger sind, ihre Arbeit gut zu verrichten.

All diese in Anschluß an die beiden gescheiterten Beratungsversuche angestellten Überlegungen ließen uns folgende, wie wir meinten, strenger organisationsbezogene Diagnose des Fallproblems formulieren: *In der uns vorgelegten Schwierigkeit geht es um das Ver-*

hältnis von Organisationsstruktur und Führungsstil des Chefs. Dieses
Verhältnis ist im vorliegenden Fall unter Bezugnahme auf die Geschichte
des Unternehmens und seiner Organisationsreform zu analysieren.

Tut man dies, so stellt sich heraus, daß der Chef den kleineren
Betrieb vor der Organisationsreform sehr erfolgreich patriarchalisch-familial geführt hatte; daß er diesen Stil nach der Reform aus
guten Gründen beibehalten hat, ohne sich zu fragen, ob er den veränderten Organisationsverhältnissen angemessen sei. Er hat damit
wahrscheinlich eine wichtige Funktion erfüllt, indem er Kontinuität hergestellt und den durch die neue Organisation verunsicherten
Mitarbeitern Sicherheit gegeben hat; ihnen gezeigt hat, wie wichtig
sie für ihn immer noch sind trotz der ihm hierarchisch nun näher-
stehenden Abteilungsleiter. Inzwischen begannen sich aber gerade
im Verhältnis zu diesen die Nachteile des alten Führungsstils in der
neuen Organisation bemerkbar zu machen.

Die Frage, die nun mit dem Chef bearbeitet werden könnte, lautet: Sind die Nachteile des alten Führungsstils in Kauf zu nehmen
für die Vorteile; oder hat der Chef mit dem Einsatz des vertrauten
Stils für die Übergangszeit der Eingewöhnung in die neue Organisation eine wichtige Aufgabe den Mitarbeitern gegenüber bereits
erfüllt und kann seine Aufmerksamkeit nun der Kooperation mit
den Abteilungsleitern widmen? Kann er unter diesem Schwerpunkt
untersuchen, ob Führungsstil und Organisationsstruktur einander
entsprechen?

Damit sind wir bei unserem in der Supervision erarbeiteten
Interventionsvorschlag gelandet. Der Berater, so meinten wir, solle
mit dem Chef die Geschichte des Betriebs unter dem Aspekt des
Verhältnisses von Organisationsstruktur und Führungsverhalten in
einigen Beratungssitzungen durchgehen. Dabei solle vor allem der
Unterschied zwischen alter und neuer Organisationsform seines
Betriebes beleuchtet bzw. auf die Aspekte unserer Diagnose einge-
gangen werden.

Obwohl es nicht im Zentrum der Intervention stehen sollte und
vielleicht gar nicht nötig sein würde, hatte auch psychologisches
Verständnis für das belastete Verhältnis des Chefs zu seinen Abteilungsleitern darin Platz. Falls es sich ergeben sollte, könnte man
Verständnis dafür zeigen, daß das den neuen Organisationsstrukturen adäquate Verhalten der Abteilungsleiter, mit den Brillen der alten Organisation betrachtet, als störend erlebt werden mußte.

Ähnlich könnte man Verständnis für die Schwierigkeit zeigen, daß ein Führungsverhalten, welches einen Betrieb so erfolgreich gemacht hat, plötzlich mit dem Erreichen dieses Erfolgs und den von ihm diktierten neuen Bedingungen nicht mehr brauchbar sein soll.

Unsere Erwartung war, daß das Herausarbeiten der funktionalen Aspekte seines Führungsstils im Rahmen der alten und der neuen Organisation zu einer Kooperation zwischen Chef und Abteilungsleitern führen würde. Wir vermuteten, daß es deshalb auch zu einem Verschwinden der Verfolgungsideen des Chefs kommen werde, ohne daß man sich mit ihnen eigens befassen müßte und sollte, weil sie keine Funktion mehr hätten.

Wir hatten uns entschlossen, von der Hypothese auszugehen, daß ein Verständnis der Strukturen und ihrer Erfordernisse einen entlastenden Charakter für Personen (ihren emotionellen Haushalt im Rahmen der Arbeit) und für Arbeitsbeziehungen hat bzw. freimacht für die Entwicklung funktionalerer Verhaltensweisen im Rahmen einer Organisation.

Als Methode des Vorgehens schlugen wir Fragen an den Chef und gemeinsame Hypothesenbildungen vor. Vor allem zirkuläre Fragen über die vermuteten Auswirkungen des gegenwärtigen Kooperationsverhaltens auf die Arbeitsbeziehung

a) der Mitarbeiter zum Chef aus der Sicht der Abteilungsleiter und

b) der Abteilungsleiter zu ihm aus der Sicht der Mitarbeiter

schienen uns sinnvoll. In einem zweiten Schritt könnte man versuchen, die Arbeitsbeziehung zwischen Chef und Abteilungsleitern auf funktionalerer Ebene gemeinsam neu zu definieren.

(Da die Supervision vor der Durchführung der geplanten Intervention durch den dritten Berater beendet wurde, konnte ich nur auf mehreren Umwegen Berichte aus dritter Hand über ein Ergebnis erhalten. Danach soll die Intervention sowohl durchgeführt als auch erfolgreich gewesen sein. Doch wer den Effekt der „stillen Post" kennt, wird gegenüber solchen Mitteilungen skeptisch bleiben.)

Natürlich sind auch andere Interventionsstrategien und Interventionen denkbar. So könnte man z.B. versuchen, die Bemühungen des Chefs, den direkten Kontakt zu seinen altgedienten Mitarbeitern auch unter erschwerten organisatorischen Bedingungen zu pflegen und aufrechtzuerhalten, positiv zu konnotieren. Man könnte seinen Sinn für die Erhaltung einer kontinuierlichen Organisationskultur hervorheben, die gerade angesichts einer als Bruch erlebten Organisationsentwicklung für die Mitarbeiter förderlich ist; man könnte seine Bereitschaft anerkennen, dafür einen Konflikt mit den neuen Abteilungsleitern in Kauf zu nehmen.

Das Beispiel illustriert ein Mehrfaches:

1. Es zeigt, in welche Schwierigkeiten Organisationen kommen können, auch bei nur einmaliger, aber tiefergreifender Veränderung ihrer Organisationsstruktur. Es zeigt, wie diese Schwierigkeiten hervorgerufen werden können durch einen hier zwar unreflektierten, aber an sich sinnvollen Versuch, ein Gleichgewicht zwischen Veränderung (der Organisationsstruktur) und Kontinuität (des Führungsstils) herzustellen. Dieser Versuch erscheint um so sinnvoller, je mehr das Element, das die Kontinuität bewahren soll, repräsentativ für die bewährte Kultur der Organisation ist.

2. Das Beispiel zeigt, wie Organisationsbewußtsein und organisatorische Selbstreflexion helfen können, diesen Schwierigkeiten zu begegnen. Es zeigt, wie wichtig es dabei ist, die *Personenebene*, die *Interaktionsebene* und die *organisatorische Dimension* auftretender Arbeitsschwierigkeiten in Organisationen zu unterscheiden, aber immer miteinander verbunden wahrzunehmen. Beziehungsweise wenn man schon der Neigung nicht widerstehen kann, Ursachen für Schwierigkeiten in willkürlicher Interpunktion (linearer Kausalität) festzumachen (und man muß mit dieser Neigung rechnen), dann ist es erfolgversprechender, sie in den organisatorischen Dimensionen, Zusammenhängen, Widersprüchen zu konstruieren, als in Personen und Interaktionen.

Aus pragmatischen Gründen ist es sinnvoll, immer mit folgender Frage an Probleme heranzugehen, die sich in Organisationen auch als Probleme von Personen und von Interaktionen zeigen: *Welches ist das ungelöste organisatorische Problem* (der strukturelle Widerspruch, das Zusammenspiel aufeinander angewiesener, aber nicht deckungsgleicher Arbeitsinteressen und -ziele, die Diskrepanz zwischen vorgegebener Struktur und erforderlichem Prozeß usw.), *das sich uns auf der Ebene der Person als individuelles Problem und auf der Ebene arbeitsbezogener Interaktion als Beziehungs- und Gruppenproblem zeigt?*

Eine solche Art des Zugangs zu Problemen, mit denen man als Supervisor oder als Berater, aber auch als Führungskraft in Organisationen konfrontiert ist, erscheint aus pragmatischen Gründen sogar dann brauchbar, wenn man mit hoher Wahrscheinlichkeit annehmen kann, daß es sich (falls das in Organisationen überhaupt möglich ist) vorwiegend oder „nur" um ein persönliches, psychisches oder ein gruppendynamisches Problem handelt. Denn man entlastet Personen und Gruppen damit von der Rolle der Problemverursacher bzw. der „Schuldigen", mit der immer und besonders in Organisationen die Tendenz verbunden ist, sich zu verteidigen und zu rechtfertigen. Statt dessen fördert die Entlastung, die durch jene Vorgangsweise geschaffen wird, Kooperationsbereitschaft zur Behebung des Problems – auch und gerade dort, wo sie vorher nicht vorhanden war, bzw. gerade dort, wo man sich wirklich (und vielleicht sogar mit etwas Berechtigung) schuldig fühlt.

Das Beispiel zeigt auch, wie naheliegend das umgekehrte Vorgehen ist: Die Interpunktion auf der Personenebene oder jener der Interaktion zwischen Personen oder Personengruppen zu setzen und zu meinen, persönliche Pathologien oder Kooperationsprobleme zwischen Menschen bringen Organisationen in Schwierigkeiten. Wir wissen, die Abstraktheit organisatorischer Sachverhalte und unsere Primärgruppensozialisation machen uns anfällig für solche kurzschlüssigen Zuschreibungen.

3. Das Beispiel zeigt weiters, wie die soeben genannten Neigungen durch bestimmte berufliche Sozialisation (zum Psychotherapeuten, zum Gruppendynamiker) verstärkt werden können. Der Psychotherapeut wird versucht sein, Probleme, die sich auf der Personenebene manifestieren, als in der Person verursacht aufzufassen (Diagnose und Intervention in Supervision und Beratung auf der Personen- und Interaktionsebene und nicht auf der Organisationsebene anzusiedeln). Der Gruppendynamiker wird dasselbe Problem, das auch auf der Interaktionsebene wahrnehmbar wird, als Problem der Gruppenbildung sehen wollen. Beide haben recht und verfehlen damit das Problem.

4. Schließlich und im Zusammenhang damit wird sichtbar, wie leicht es ist, den Kontext, in dem man zur Beratung oder Supervision angetreten ist, entsprechend der eigenen primären Profession und ihres Schwerpunkts eigenmächtig zu wechseln. Tut man dies, so wird das professionelle Instrumentarium in höchst unprofessionel-

ler Weise eingesetzt, verliert also den Charakter von Professionalität. Es wird deshalb zum besonders hartnäckigen Hindernis erfolgreicher Arbeit, weil man (des zum Einsatz gelangenden Instrumentariums wegen) meint, professionell vorzugehen, und deshalb so weiter macht. Das führt z.b. dazu, daß man berechtigterweise im Klientensystem auftretende Bedenken mit den eingesetzten Instrumenten als Klientenproblem mitbearbeitet (z.B. als Widerstand).

5. Unser Fall zeigt aber auch, wie sensibel ein Klientensystem sogar dann auf einen solchen Wechsel des Kontextes reagiert, wenn es, wie das meist der Fall ist, selber dazu neigt, organisatorische Probleme personenorientiert oder beziehungsorientiert zu mißverstehen.

6. Wir haben von der Kälte der Organisation gesprochen, die ihr unter anderem zugeschrieben wird wegen ihrem Wechsel von der Personenbezogenheit herkömmlicher familialer Systeme zu einer Funktionsbezogenheit, die von den Personen der Tendenz nach absieht: Das Beispiel zeigt, wie menschlich (und wenn man das braucht: wie hilfreich für Menschen) ein solcher nicht personenbezogener, „kalter" Zugang zu einem Verständnis von Problemen, die in Organisationen auftreten, sein kann: Wie sehr er Personen von Schuldzuschreibungen (an andere und an sich selbst), aber auch von Symptomen entlastet, die dem Bereich der Psychopathologie zuordenbar sind; und wie sehr er dazu beitragen kann, ihnen die gebührende Wertschätzung für ihre Bemühungen entgegenzubringen.

2.7 Das Verhältnis von Zentrale und dezentraler Organisationseinheit – Fallbeispiel 5

Das Verhältnis Zentrale – dezentrale Organisationseinheit stellt einen Standardkonflikt aller Organisationen dar, die über dezentrale Einheiten verfügen. Dieser Konflikt eignet sich dazu, aus einer anderen Perspektive noch einmal vorzuführen, mit welchen Sachverhalten Supervision in Organisationen zu tun hat, was es heißt, mit Organisationsbewußtsein Supervision auszuüben, und welchen Schwierigkeiten man dabei begegnen kann.

Ich will dies in vier Schritten tun. Nach allgemeinen Bemerkungen zur Dialektik von Zentrale und dezentraler Einheit beschreibe ich, wie diese in der Organisation aussieht, aus der das Fallbeispiel stammt. Dann folgt ein kurzer Fallbericht.[7] Abschließend erörtere ich, worauf es in der Supervision solcher Fragestellungen zu achten gilt.

1. Komplexe Organisationen weisen häufig diese Organisationsform auf: Es kann die Komplexität der zu bewältigenden Aufgaben sein, die eine organisatorische Differenzierung in Zentrale und dezentrale Einheit nahelegt. Es kann auch die Größe der Organisation sein, die eine solche Differenzierung verlangt; bzw. die Ausdehnung ihres Wirkungsbereiches über Gebiete, die sehr unterschiedliche relevante Umwelten der Organisation darstellen, welche jeweils spezifische organisatorische Antworten fordern.

Man kann diese Form der organisatorischen Ausdifferenzierung von Aufgaben auch als den Versuch ansehen, hierarchische Strukturen selbst dann mehr oder weniger aufrechtzuerhalten, wenn das aus anderen Gründen kaum mehr geht. Denn die dezentralen Organisationseinheiten sind im Regelfall der Zentrale hierarchisch untergeordnet, dennoch ist die Hierarchie nicht konsequent durchgehalten, und damit sind symptomatische Konfliktlagen unvermeidlich. Allein die Tatsache, daß die Organisation nicht mit einem zentralistisch-hierarchischen Aufbau (allein) auskommt, zeigt Konflikt an.

Dieser Konflikt hängt mit dem Unterschied der Aufgaben von Zentrale und dezentraler Einheit zusammen und mit der Art, wie beide aufeinander angewiesen sind. Die Aufgaben stehen in einem strukturellen Gegensatz oder Widerspruch zueinander, geben jede für sich aber nur dann Sinn oder sind oft sogar nur dann zu erfüllen, wenn auch die jeweils gegensätzliche Aufgabe der anderen Organisationseinheit erfüllbar ist, für die dasselbe gilt.

Das gemeinsame Interesse beider, der Zentrale und der dezentralen Organisationseinheit, wird gerade dadurch gewahrt, daß besonderes Interesse und besondere Aufgabe jeder der beiden dem besonderen Interesse und der besonderen Aufgabe der des jeweils anderen bis zu einem gewissen Grad entgegengesetzt ist und auch bleibt. Jeder Versuch, entsprechend hierarchischer Logik den Konflikt zu beseitigen, fügt der Organisation Schaden zu. Je besser beide in der Erfüllung ihrer spezifischen Aufgaben zusammenarbei-

7 Dem Fallbericht liegt zugrunde: Buchinger (1984).

ten, desto unvermeidlicher geraten sie miteinander in Konflikt und erwecken den Eindruck, daß einer der Gegner des anderen ist.

Zwar handelt es sich um einen unvermeidlichen strukturellen Konflikt, dennoch *erlebt* man, in Identifikation mit den Aufgaben der eigenen Organisationseinheit, die Gegnerschaft: Denn die Probleme, mit denen man sich in der Folge herumschlagen muß, stellen echte Behinderungen der eigenen Arbeit dar. Man *erlebt nicht*, daß die Probleme unvermeidliche Begleiterscheinungen von Tätigkeiten sind, welche die eigene Arbeit gleichzeitig ermöglichen. Man erlebt sie als verursacht durch die jeweils andere Organisationseinheit, was sie auch sind, und dementsprechend neigt man dazu, dieser Schuld zu geben.

Die Zentrale wird von den dezentralen Einheiten als machthungrig, böse, arrogant, blind für die Lage der Mitglieder an der Front wahrgenommen. Die dezentralen Einheiten sind in den Augen der Zentrale egoistisch, unersättlich, undankbar, ignorant, größenwahnsinnig usw. So gewinnt man z.B. den Eindruck, daß die zentrale Verwaltung ihre Aufgabe am reibungslosesten, ungestörtesten und effizientesten erfüllen könnte, wenn es die dezentralen Einheiten, die sie verwalten soll, nicht gäbe. Und umgekehrt sind diese davon überzeugt, daß sie ihrem Auftrag, zu dessen Erfüllung sie von der Zentrale geschaffen wurden, viel besser und reibungsloser ohne Zentrale entsprechen könnten.

Verfügt man nun nicht ausreichend über die Fähigkeit, die derart *erlebten* Probleme und Konflikte organisationsbezogen *zu verstehen*, so wird man kaum in der Lage sein, die nötige Distanz zu dem subjektiven Erleben aufzubringen, die eine angemessene Bewältigung möglich macht. Man wird irrtümlich davon ausgehen, es wären – bei einigem guten Willen der Gegenseite – behebbare Schwierigkeiten, und wird bestenfalls durch Vorwürfe und Appelle aneinander (deren Wirksamkeit bekannt ist) seinen Beitrag zu ihrer Beseitigung leisten. Natürlich werden die Probleme und Konflikte dadurch größer.

2. Wie zeigt sich diese Dialektik in der Organisation, in der unser Fallbericht spielt? Es handelt sich um eine zum Zeitpunkt der Supervision sehr junge, im Aufbau befindliche Organisation, die in Wien mit der Durchführung der Psychiatriereform betraut war, d.h. mit dem Aufbau einer gemeindenahen extramuralen psychiatrischen Versorgung, deren Ziel die soziale Reintegration der Patien-

ten ist. (Sie wird uns in unserem letzten Fallbeispiel noch einmal begegnen.) Ihr ist es in kürzester Zeit gelungen, eine Reihe von dezentralen Organisationseinheiten, sogenannten psychosozialen Stationen, in verschiedenen Sektoren der Stadt zu eröffnen. Zu ihren Konzepten gehört eine koordinierte Gesamtbetreuung der Patienten, wozu es einer Kooperation verschiedener einschlägiger Berufsgruppen bedarf (Psychiater, Psychotherapeut, Arbeitstherapeut, Sozialarbeiter usw.). Teamarbeit mit all den Schwierigkeiten, die sie in einer Organisation mit sich bringt, ist angesagt.

Hervorgehoben sei noch, daß die junge Organisation sich in einer für ihre Aufgabe nicht entsprechend vorbereiteten gesellschaftlichen, politischen und professionellen Umwelt zurechtfinden und bewähren mußte. Mehr durch Versuch und Irrtum war das möglich und durch ein Vorgehen, das bei jedem Schritt zur raschen Beantwortung von Rückmeldungen bereit sein mußte, als durch Exekutieren eines vorweg festgelegten Planes. Man konnte in der lokalen Szene nicht auf bewährte und ausreichend ausgebaute Modelle zurückgreifen. Unvermeidlich erzeugt das Unsicherheit und in der Folge ein gesteigertes Bedürfnis nach Orientierung, Überblick und raschem Erfolg – ein Bedürfnis, das sich in der Zentrale anders als auf den psychosozialen Stationen äußert.

Was die Teamarbeit auf den einzelnen Stationen betrifft, so zeigte sich die Dialektik von Zentrale und dezentraler Einheit wie folgt: Die Zentrale war vertraut mit den Anforderungen, die Teamarbeit an die Stationen stellt, förderte und unterstützte diese durch verschiedene Maßnahmen, zu denen unter anderem auch Supervision gehörte. Die Teams sollten ihre eigene Arbeitskultur entwickeln und entsprechend den Unterschieden ihrer regionalen Umwelten über ihre Freiheitsspielräume verfügen. Von Verwaltungsaufgaben sollten sie, so gut es geht, entlastet sein, um sich ganz ihrer fachlichen Tätigkeit und der Entwicklung einer förderlichen Gruppendynamik widmen zu können.

Gleichzeitig mußte für die Zentrale aber der Zusammenhalt und das Funktionieren der Gesamtorganisation von vorrangiger Bedeutung sein. Sie mußte daher allgemeine Regelungen treffen, die auf die Besonderheiten einzelner Stationen nicht ausreichend abgestimmt sein konnten, diese im Extremfall sogar empfindlich stören würden.

So mußten z.B. aus Gründen der vorhandenen Ressourcen immer wieder wichtige Teammitglieder aus einer Station abgezogen werden, weil sie für eine neu eröffnete Station gebraucht wurden. Den Teams kam das um so mehr als Willkür und illegitime Machtausübung der Zentrale vor, als ihnen die Wichtigkeit gut funktionierender Teams (wozu gerade in schwierigen Arbeitssituationen personelle Stabilität gehört) vor Augen gehalten wurde.

Weiterer Konfliktstoff wurde durch den Legitimationsdruck geschaffen, unter dem die Institution stand. Ihr Fortbestand war davon abhängig, wie wirksam sie mit ihrer Arbeit sein konnte und wie gut es gelingen würde, diese Wirksamkeit auch nachzuweisen. So wurden die Stationen angespornt, gut und viel zu arbeiten, was sie auch mit hoher Motivation taten. Je höher diese war, desto mehr erlebten sie die gleichzeitige Aufforderung, aufwendige Statistiken über ihre Erfolge anzulegen, als Schikane, weil sie das in ihrer patientenorientierten Arbeit nur behinderte.

Im Dienste ihres primären Arbeitsauftrages vernachlässigten sie daher das Anlegen von Statistiken. Das wiederum setzte die Zentrale noch mehr unter Druck, als sie es ohnehin schon war, und wurde deshalb von ihr als Faulheit, Widerstand und Desinteresse der Station an der Gesamtorganisation aufgefaßt und mit Gegenmaßnahmen beantwortet, die ihrerseits tatsächlichen Widerstand von seiten der Station hervorriefen.

Beide erlebten, daß der andere gegen sie arbeitet, und das um so mehr, je weniger es ursprünglich der Fall war. Daß sie in der Folge einer Spirale der Eskalation tatsächlich gegeneinander zu arbeiten begannen, wird aus der Dynamik der vorhin erwähnten Unsicherheit verständlich, in der sich die Organisation befand.

Die Zentrale wird nicht anders können, als ihre strukturelle Unsicherheit an die Peripherie weiterzugeben, das heißt, sie wird Experimente gestatten, womit die Unsicherheit aber verstärkt wird. Es werden Bedenken der Zentrale entstehen, die experimentierenden Stationen könnten sich in ihrem Eigenleben so weit voneinander entfernen, daß ihre Zusammenfassung unter den Hut einer Organisation nur mehr schwer möglich und die zentrale Verwaltung arbeitsunfähig wird. Die Zentrale wird daher den Stationen nicht nur mehr Freiheit lassen, sie wird ebenso geneigt sein, mehr zentralistische Maßnahmen zu setzen, als sie dies in Phasen größerer Sicherheit tun würde. Das wird von seiten der Stationen den Vorwurf der Willkür und Orientierungslosigkeit verstärken.

Die Stationen werden in dem Stadium des Experimentierens noch mehr als sonst auf ihre Autonomie pochen. Gleichzeitig wird auch ihr Bedürfnis nach Sicherheit, Anleitung und Orientierung stärker sein als sonst. Die Teams werden daher mehr als sonst dazu neigen, die Zentrale zum Projektionsschirm ihrer Unsicherheit zu machen. Diese wird sich ihrerseits durch die widersprüchlichen Erwartungen, mit denen sie von seiten der Stationen nun verstärkt bedacht wird, provoziert fühlen.

3. Das Fallbeispiel: In der Supervision eines sehr motivierten Stationsteams dieser Organisation liegt der Schwerpunkt auf der Bearbeitung der Unsicherheit gegenüber der Zentrale. Sie wurde wegen ihrer absurd erscheinenden Forderungen mit den massivsten Vorwürfen bedacht, in denen wir bei genauerem Hinsehen Angst und Bedrohungserlebnisse der Mitarbeiter fanden. Sie wußten nie, ob sie mit ihrer im Gefühl relativer Freiheit durchgeführten Patientenbetreuung nicht dauernd Kopf und Kragen riskierten. Wenn es auf der einen Seite derart genau festgelegte Vorschriften für die Durchführung scheinbar belangloser Angelegenheiten wie die Anschaffung von Klopapier oder das Ausfüllen von Statistiken gab (beides wurde im gleichen Atem genannt), vielleicht bewegte man sich dann auf der anderen Seite in der fachlichen Arbeit, die nur wenig durch Vorschriften eingeschränkt war, immer schon in verbotenen Bereichen, ohne es zu wissen. Vielleicht kannte man die Vorschriften nur nicht und machte sich trotz erfolgreicher Arbeit schon deshalb strafbar.

Es gelingt in der Supervision, ein organisationsbezogenes Verständnis für die genannten Konflikte zu erarbeiten. Bis eines Tages die immer noch labile Situation des Teams durch ein Ereignis erschüttert wird, das alles wieder zunichte macht und vor Augen führt, wie emotionelle Auswirkungen struktureller Konflikte deren bereits vorhandenes Verständnis wieder rückgängig machen können. Die emotionelle Distanzierungsfähigkeit der Teammitglieder war überfordert.

Zwei nichtärztliche Mitarbeiter des Teams sollen, für das Team überraschend, in ein anderes Team versetzt werden. Die beiden Betroffenen, aber auch die anderen Mitarbeiter des Teams sind empört. Diese Reaktionen reichen von der Frage, warum die Versetzungen gerade dieses Team und diese zwei Personen getroffen haben, über Vorwürfe, daß in der Zentrale willkürliche Entscheidungen gefällt werden und daß man keinerlei konkrete Informationen und Begründungen für einen solchen das Team empfindlich treffenden Schritt bekommt, bis zur Wut über die erlebte eigene Ohnmacht. Es entsteht Angst, daß andere Mitarbeiter ebenso unerwartet von einem, wie man meint, „zentralen Willkürakt" getroffen werden könnten. Man äußert Mißtrauen, droht trotzig Rückzug und Reduktion des Arbeitseinsatzes auf das vorgeschriebene Minimum an. Insgesamt läßt sich ein erheblicher Verlust an Motivation in diesem Team feststellen und eine Gefährdung des bisher vorhandenen positiven Teamzusammenhalts. Das letzte deshalb, weil sich die nichtärztlichen Mitarbeiter eher bedroht fühlen und den Ärzten ihre ruhige Haltung in dieser Situation vorwerfen. Überhaupt wird mit einem Schlag die Problematik der Hierarchie auch innerhalb des Teams störend erlebt. Denn die meisten Vorwürfe gelten zwar der Zentrale, aber festgemacht wird der Konflikt innerhalb des Teams nicht nur allgemein an den Ärzten, sondern im besonderen am ärztlichen Leiter des Teams. Er ist schließlich der einzige, der ausreichend Informationen über die vorzunehmenden Versetzungen gehabt haben mußte, ohne sie weiterzugeben. Vielleicht ist er sogar verantwortlich für die Versetzungen, vielleicht ist er ein „Agent der Zentrale", der sich als Mitglied des Teams getarnt hat. Auf ihn als persönlich greifbaren Vertreter der Organisation im Team wird der Konflikt mit der Zentrale übertragen.

Es dauert, bis die intellektuell verständlichen Zusammenhänge auch emotionell greifen und die Enttäuschung und Bedrohung aufhört, als Arbeitshindernis zu wirken. Nicht daß Enttäuschung und Bedrohung beseitigt worden wären, sie erhielten vielmehr in einem für die Station neuen Verständnis von Team ihren gebührenden Platz. Dadurch verloren sie einiges von ihrer persönlichen und personenbezogenen Heftigkeit und behinderten die Arbeit nicht mehr so sehr.

Es kann nach und nach akzeptiert werden, daß Teams in Organisationen widersprüchlichen Anforderungen gerecht werden müssen; nicht nur autonome Gruppen darstellen, sondern gleichzeitig abhängige Organisationseinheiten sind. Sie können immer nur als relativ gestörte Teams ihren Arbeitsauftrag erfüllen, weil die übergeordneten Ziele der Gesamtorganisation sie immer beeinträchtigen werden. Dies wird dort um so mehr der Fall sein, wo die Organisation erst im Aufbau begriffen ist, wo sich das Ausmaß der Arbeitserfordernisse erst nach und nach herausstellt und mit den vorhandenen Mitteln bewältigt werden muß.

Auch das Mißtrauen dem ärztlichen Leiter des Teams gegenüber wird strukturell verständlich aus seiner Position als Zwischenvorgesetzter, was eine Mehrfachzugehörigkeit zu unterschiedlichen Organisationseinheiten bedeutet.

Er ist nicht bloß Mitglied des Teams, er ist ebenso Mitglied eines zentralen Führungskreises. Als Mitglied des Teams ist er im zentralen Führungskreis Repräsentant der Interessen des Teams, und als Mitglied des Führungskreises ist er im Team Repräsentant der Zentrale. Er muß beide einander immer wieder entgegengesetzten und zum Teil widersprechenden Aufgaben in einer Person verbinden. Er muß die Interessen des Teams gegenüber der Zentrale, und er muß die Interessen der Zentrale gegenüber dem Team vertreten. Damit befindet er sich tendenziell in einem dauernden Loyalitätskonflikt, den er nur bewältigen kann, wenn er riskiert und bewußt auf sich nimmt, die von beiden Seiten an ihn gestellten Loyalitätsansprüche immer wieder teilweise zu enttäuschen. Positiver formuliert: Der Teamleiter muß es im Sinne der Aufrechterhaltung seiner Arbeitsfähigkeit (und damit sowohl im Sinne der übergeordneten Institution als auch im Sinne seines Teams) aushalten, die Ansprüche beider Seiten nur beschränkt erfüllen zu können. Das wird ihm letztlich nur gelingen, wenn es sowohl dem Team als auch der Zentrale gelingt, die jeweilige bloß relative Zugehörigkeit des Teamleiters und die damit verbundenen Enttäuschungen bzw. „Störungen" als funktional und unerläßlich für die Erhaltung der *gemeinsamen* Arbeitsfähigkeit zu akzeptieren.

4. Vor welche Aufgabe stellt die beschriebene Problematik den Supervisor? Der Supervisor muß sich erstens mit den Teammitgliedern identifizieren. Er muß ihre durch Eingriffe der Organisation ausgelöste Problematik, soweit sie für die Arbeit relevant ist, verstehen und akzeptieren können. Schließlich geht es in seiner Tätigkeit darum, die Arbeitsfähigkeit der einzelnen Teammitglieder zu erhalten oder wiederherzustellen, ihre Motivation zu fördern, ihre Entfaltungsmöglichkeiten bzw. Spielräume zu entdecken und zu erweitern. Von dieser Zielsetzung aus muß er die Tendenz der ein-

seitigen Schuldzuschreibung an die Zentrale bzw. deren Vertreter, die all das behindern, verstehen und zunächst einmal akzeptieren.

Der Supervisor muß sich zweitens mit dem Team als Ganzem identifizieren können. Die Bildung eines funktionierenden Teams war gerade im vorliegenden Tätigkeitsfeld eine Voraussetzung gelingender Arbeit. Von dieser Identifikation mit dem Team her ist es naheliegend (auch für den Supervisor, der nur das Team vor sich hat, naheliegend), alle von außen kommenden Eingriffe ins Team als Störfaktor zu erleben. Es ist naheliegend, die Bearbeitung der Folgen solcher Eingriffe kurzschlüssig auf die Interaktionsebene innerhalb des Teams allein zu beschränken oder gar sich die Binnenwahrnehmung des Teams zu eigen zu machen und die Tendenz der Schuldzuschreibung an die Zentrale zu unterstützen. Meiner Meinung nach scheitern viele Teamsupervisionen in Organisationen an diesem Kurzschluß.

Es wird dabei übersehen, daß der Supervisor drittens an der Arbeitsfähigkeit des Teams *innerhalb* der Organisation interessiert sein muß. Er muß am Team interessiert sein, insofern es die Organisation, in der es arbeitet, repräsentiert. Das heißt, er muß letztlich an der Erhaltung und Verbesserung der Arbeitsfähigkeit der Organisation, vertreten durch das Team, das er vor sich hat, interessiert sein. Nur dann dient er auch dem Team.

Für wen arbeitet also der Supervisor in der beschriebenen Situation, wer ist sein Auftraggeber? Arbeitet er für die Leitung, von der er bezahlt wird, oder für die Gruppe von Personen, die an ihn herangetreten ist? In dieser Alternative ist die Frage falsch gestellt, denn weder das eine noch das andere trifft zu. Er arbeitet weder für die Interessen der Leitung, die sich nicht mit denen der Mitarbeiter decken müssen und das auch nie ganz können. (Er arbeitet also insofern nicht gegen die Interessen der Mitarbeiter.) Er arbeitet aber auch nicht ausschließlich für die besonderen Interessen der Mitarbeiter (möglicherweise gegen die Leitung). Die Mitarbeiter sind schließlich nicht als private Gruppe von Personen an ihn herangetreten mit dem Wunsch, ihre individuelle oder gemeinsame berufliche Kompetenz zu erhöhen, bzw. mit dem Wunsch, ihre Kommunikation und Kooperation zu verbessern. Darum wird es in der Arbeit mit dem Team zwar auch gehen, genauso wichtig ist jedoch der organisatorische und institutionelle Zusammenhang, *in* dem es darum gehen wird. Die Mitglieder des Teams wollen als Träger einer

Organisationseinheit Supervision, d.h. als Träger eines Subsystems, das nur innerhalb des Gesamtsystems seine Arbeitsaufgabe und seine arbeitsbezogene Lebensberechtigung erhält.

Aufgabe des Supervisors ist es, zur Arbeitsfähigkeit dieses Subsystems beizutragen unter Berücksichtigung seiner strukturellen Vorgaben. Es geht um das Team in seiner Eigenschaft als organisatorisches Subsystem, das innerhalb eines größeren Systems eine bestimmte Sachaufgabe zu erfüllen hat. Nur als solches bleibt es auch dann Klient und Auftraggeber, wenn die Bewilligung und Bezahlung der Supervision von der Spitze des Gesamtsystems abhängt.

Der Supervisor muß in seiner Arbeit also die drei miteinander häufig in Widerspruch stehenden Dimensionen berücksichtigen und miteinander zu versöhnen versuchen: die individuelle Dimension, die interaktionelle oder Gruppendimension *und* die organisatorische Dimension. Die auf diesen drei Ebenen und durch ihre immer widersprüchliche Verbindung entstehenden unvermeidlichen strukturellen Schwierigkeiten müssen einer Bearbeitung zugeführt werden. Die Aufgabe und Problematik des in einer Organisation tätigen Supervisors spiegelt insofern die Problematik der Organisation als Ganzer. Denn auch in ihr muß es gelingen, diese drei Ebenen zu einer Integration zu bringen, die es sowohl dem Individuum als auch dem Team und der Organisation als Ganzer erlaubt, zur Erfüllung ihres Auftrags funktionsfähig zu bleiben.

Da es sich bei der Integration dieser drei Ebenen häufig um die Integration von Widersprüchen handelt, wird dem Supervisor oft nichts anderes übrigbleiben, als daß er daran arbeitet, das Verständnis für diese unvermeidlichen strukturellen Widersprüche ebenso zu erhöhen wie die Toleranz, sie zu ertragen.

Die Hauptschwierigkeit von Supervision besteht darin, den institutionell-organisatorischen und den strukturellen Aspekt der Arbeitsprobleme *sichtbar und erlebbar* zu machen.

So war es in unserem Beispiel dem Erleben und Verständnis der Teammitglieder zugänglich, daß es notwendig ist, die individuellen Arbeitsinteressen zugunsten der Gesamtinteressen des Arbeitsteams einzuschränken. Diese Einschränkungen werden durch die Gefühle der Zugehörigkeit, Sicherheit, Geborgenheit und Anerkennung ausgeglichen.

Es ist dem Erleben und Verständnis schon viel schwerer zugänglich, daß die Autonomie und die vernünftigen Arbeitsinteressen eines Teams innerhalb einer großen Organisation durch übergreifende „Interessen" der Organisation als Ganzer eingeschränkt und gelegentlich sogar außer Kraft gesetzt werden müssen. Denn diese „Interessen" können nicht bloß als persönliche Interessen eines leitenden Mitarbeiters oder einer Gruppe von Mitarbeitern verstanden werden. Die Organisation als Ganze kann nicht als Interaktionspartner mit einfühlbaren Interessen erlebt werden – wie ein Individuum oder eine überschaubare Gruppe. Ihre Anforderungen und Einschränkungen werden als anonyme Forderungen in Form von allgemeinen Vorschriften, Verordnungen und Erlässen ausgegeben. Dennoch werden die derart einschränkenden Anforderungen von den Betroffenen persönlich erlebt. Organisatorisch bedingte Anforderungen können, wie wir schon in den anderen Fällen gesehen haben, somit zu Problemen von Personen und Gruppen werden.

Ein angemessenes Verständnis dieser Probleme würde eine Abstraktionsleistung und ein emotional verankertes Erfassen der Dynamik von Organisationsmechanismen verlangen, das den Emotionen des persönlichen Betroffenseins in der Arbeit die Waage halten kann. Dieses Verständnis der Probleme ist aber um so schwerer herzustellen, je mehr man von ihnen persönlich getroffen wird wie von einem Gegner. Es ist viel naheliegender, einen greifbaren Gegner als Verursacher zu fantasieren. Dies ist auch nicht besonders schwer. Man braucht nur etwas tun, was ohnehin vielfältig nahegelegt wird und auch naheliegt: Man braucht nur die Autoritätsverhältnisse in einer größeren Organisation nach dem Bild der Autoritätsverhältnisse in der Familie mißzuverstehen, anstatt sie als den strukturellen Niederschlag komplexer Organisationsmechanismen zu erfassen. Man findet dann hinter den feindlich erlebten Einschränkungen und Störungen immer einen greifbaren Feind. Umgekehrt besteht die Tendenz, daß der Funktionsträger den Widerstand, der ihm entgegengebracht wird, seinerseits nicht als strukturell bedingtes Problem wahrnimmt, sondern ebenso, in der Konstruktion von Feinden, der Tendenz der Personalisierung des Problems unterliegt.

Uns begegnet hier ein schon vertrauter Sachverhalt wieder: Organisatorisch bedingte Arbeitsprobleme kommen zwar als persönliche oder interaktionelle Arbeitsprobleme zum Ausdruck; wenn man sie jedoch nur als solche in der Supervision auffaßt und bearbeitet, werden sie gerade als persönliche und interaktionelle Arbeitsprobleme nicht lösbar sein. Denn ihr wirklicher Grund liegt auf einer anderen Ebene, die dann in der Supervision keine Beachtung findet, nicht behoben oder akzeptiert werden kann und sich deshalb immer wieder in neuen Problemen niederschlagen wird. Man kann also annehmen, daß in einem solchen Fall der Versuch der „Aufarbeitung" von persönlichen, interaktionellen bzw. autoritätsbezogenen Arbeitskonflikten in der Supervision eher zur Resignation führt. Wenn es allerdings gelingt, in den vorgebrachten Problemen und Konflikten die strukturellen Aspekte sichtbar und erlebbar zu machen, dann kann für die Betroffenen damit mehr als bloß Einsicht in Unvermeidliches gewonnen werden. Die gewonnene Einsicht nämlich gestattet es, die in der Arbeit des einzelnen und des Teams zwar immer vorhandenen, aber bislang verdeckten Freiheits- und Handlungsspielräume zu entdecken, auszubauen und zu festigen. Verdeckt waren sie durch das Erleben der Arbeitskonflikte als bloß persönlicher, als Autoritäts- oder als sonstiger Interaktionskonflikte.

2.8 Organisationen als füreinander relevante Umwelten

Die drei in den vorangehenden Beispielen angeführten Gründe für die Zunahme supervisionfähiger Probleme hängen allesamt mit der wachsenden inneren Komplexität von Organisationen zusammen: die Ausdifferenzierung eines Fachgebiets, das erfolgsbedingte Wachstum einer Organisation, die dezentrale Organisationsform.

Diese wachsende innere Komplexität stellt ihrerseits eine Folge des in beschleunigte Bewegung geratenen Verhältnisses von Organisation und relevanter Umwelt dar. Interne Differenzierungen können als Antworten auf Veränderungen in den Umwelten einer Organisation verstanden werden, ebenso, wie sie ihrerseits dazu beitragen, Veränderungen in den Umwelten hervorzubringen. Es handelt sich um einen zirkulären Prozeß, der insgesamt zur Zunahme der Komplexität in und zwischen den Systemen führt.

Diese heute mit großer Beschleunigung vor sich gehende Entwicklung ist der Grund dafür, daß das *Verhältnis von System und Umwelt zu einer Leitdifferenz systemischer Beobachtung und Theorie geworden ist* (Luhmann 1984). Viele Prozesse in der Gesellschaft, ihren Subsystemen und so auch in den Organisationen lassen sich nur aufgrund erhöhter Beachtung dieser Differenz verstehen – und beeinflussen.

In der Supervision macht es einen Unterschied, ob man in der Lage ist, mit dieser Differenz zu arbeiten, ihren Einfluß auf die vorgelegten Phänomene zu sehen bzw. sie aus diesen zu erschließen. Wir wollen uns daher in der Folge mit ihr befassen. Zunächst soll an der Dynamik des Wettbewerbs versinnbildlicht werden, wie Organisationen füreinander Umwelt sein können und deshalb ihre interne Komplexität erhöhen müssen, bis sie in dieser Bewegung zu hochgradig selbstreflexiven Systemen werden. Danach wollen wir eine Fallstudie aufnehmen, in der diese Differenz eine Rolle spielt, eine Fallstudie, die auch die Grenzen der Möglichkeit von Supervision in Organisationen vor Augen führt.

2.8.1 Die Dynamik des Wettbewerbs
Nehmen wir der Anschaulichkeit halber an, es gäbe einen Produktionsbetrieb, welcher der einzige Anbieter mit einem überschaubaren, qualitativ hochstehenden Standardprodukt ist.

Die Organisation unseres fiktiven Betriebs wird ihr Hauptaugenmerk auf die Qualität der Produktion richten. Alles andere spielt in der Monopolsituation eine untergeordnete Rolle. Dementsprechend werden technische Korrektheit, große Genauigkeit, gediegene Verarbeitung und ähnliches die dominanten Arbeitstugenden sein. Sie gilt es abzusichern, indem ihr Geltungsbereich über die Produktion hinaus in andere Bereiche ausgedehnt wird. Deshalb wird auch der ganze Betrieb analog der Produktion aufgebaut sein, so wie diese analog dem Produkt aufgebaut ist: aus zusammensetzbaren Teilen.

Das Karrieremuster wird vorsehen, daß alle wichtigen Positionen mit erfolgreichen und verläßlichen Mitarbeitern aus der Produktion besetzt werden, weil so am ehesten garantiert erscheint, daß sich auch alle anderen Bereiche an den Maßstäben der Produktion orientieren. Das Tabu der Organisation kann ebenso bestehen bleiben wie ihre Konfliktfreiheit. Die Vernetzung der Tätigkeiten läuft über die „Linie", es braucht keine direkte Kommunikation zwischen bzw. in den Organisationseinheiten.

Nehmen wir nun an, es gelingt einem zweiter Anbieter, sich am Markt zu etablieren, so kommt eine Dynamik mit unabsehbaren Konsequenzen für beide Organisationen in Gang: Der zweite Anbieter hat, so wollen wir weiters annehmen, seinen Betrieb ganz nach dem Modell des gut funktionierenden ersten hierarchisch aufgebaut. Um Wettbewerbsvorteile zu erzielen, wird er allerdings darauf bedacht sein, die Abläufe effizienter zu gestalten, indem er z.B. die „nicht produktiven" Bereiche unaufwendiger, den „Wasserkopf" der Verwaltung (wie es in solchen Betrieben heißt) etwas schlanker auslegt. Man könnte meinen, es handle sich, von diesen kleinen Veränderungen abgesehen, um eine schlichte Verdopplung der Ausgangssituation, anstelle eines Betriebes gibt es zwei.

Tatsächlich ist durch den Mitanbieter aber eine strukturell neue Situation entstanden. Sie nimmt ihren Ausgang von einer Veränderung in einer der relevanten Umwelten beider Betriebe, im Markt, und wirkt von dort auf die Organisation der Betriebe so zurück, daß nach und nach alles Vertraute außer Kraft gesetzt wird: Sind die Kunden bisher als Bittsteller zum Alleinanbieter gekommen und mußten sich seinen Bedingungen unterwerfen, so dreht sich mit der entstandenen Wahlsituation das Verhältnis Betrieb–Kunde um: Die Betriebe müssen darum werben, daß der Kunde bei ihnen kauft und nicht bei der Konkurrenz.

Der Mitbewerber (in der Bezeichnung steckt das Wissen um die neue Situation) wird ein Ressort aufbauen müssen, das es im ersten Betrieb nicht gab, einen Verkauf. Nicht nur wächst damit die Organisation, vielmehr entsteht organisationsinterne Unruhe, und mehr noch, *einige wichtige Grundsätze hierarchischer Struktur werden außer Kraft gesetzt*:

1. Dem Verkauf liegen andere Arbeitsnormen zugrunde als der Produktion. Was er braucht, ist Kontaktfähigkeit, Flexibilität, Kompromißbereitschaft usw. – Qualitäten, die im Gegensatz zum Arbeitsethos der Produktion stehen. Folgt das neue Unternehmen weiter dem Karrieremuster des alten Betriebs und besetzt auch die wichtige Positionen des Verkaufs mit erfolgreichen Mitarbeitern aus der Produktion, so stellt sich das als konterproduktiv heraus. Die Produktion kann nicht mehr das Vorbild für alle anderen Abteilungen abgeben. Sie beginnen, ihre einander widersprechenden Eigenlogiken zu entwickeln.

2. Seiner neuen Rolle entsprechend, wird der Kunde beginnen, Forderungen zu stellen und Druck auszuüben. Er wird Sonderanfertigungen verlangen, Verkürzung der Lieferzeiten usw. Der Verkäufer muß ganz im Sinn der Flexibilität und der Erhaltung seiner

115

Beziehung zum Kunden versuchen, rasch mit Lösungen aufzuwarten. Er wird also direkt mit der Produktion verhandeln müssen. Für die Kommunikationsprozesse, die zwischen Verkauf und Produktion notwendig werden, ist die hierarchische Kommunikation über die Linie zu langsam und zu schwerfällig.

3. Auch die der Hierarchie eigene Konfliktfreiheit ist dahin. Denn Produktion und Verkauf werden über ihre unterschiedlichen Arbeitshaltungen und über die nun entstehende Auseinandersetzung mit Kundenwünschen in Konflikt geraten, den es direkt auszutragen gilt. (Wir wissen aus den vorangegangenen Beispielen, wie schwer es ist, einzusehen, daß es sich um einen produktiven Konflikt handelt, der aus strukturellen Gründen der Ausdifferenzierung wichtiger Tätigkeiten zum Indiz dafür wird, daß alles in Ordnung ist. Bleibt in dieser Situation ein Entscheidungsträger befangen im hierarchischen Ideal der organisationsinternen Konfliktfreiheit, so richtet er Schaden an. Denn er wird versuchen, einen produktiven, unvermeidlichen Konflikt aus der Welt zu schaffen.)

Aber nicht nur innerhalb einer, sondern in allen Organisationen und in der Beziehung zwischen ihnen entsteht Unruhe: Auch der Konkurrent wird, um gleichzuziehen, einen effizienten Verkauf aufbauen. Darüber hinaus braucht er einen Wettbewerbsvorteil. Er wird versuchen, ihn z.B. durch eine effizientere Kalkulation zu erwirtschaften. Das Rechnungswesen wird einen höheren Grad an Spezialisierung entwickeln. Mit seiner Tätigkeit wird sich ein neuer Konflikt mit anderen Bereichen ergeben. Denn auch die Tätigkeit des Rechnungswesens folgt einer eigenen Logik, die sich von der der anderen Bereiche unterscheidet. Weiters wird man darauf achten müssen, daß sich die eigenen Produkte von denen der Konkurrenz unterscheiden.

Auch hier wird der Mitbewerber mitziehen bzw. seines Wettbewerbsvorteils wegen darauf achten, daß seine Produkte sich von der Konkurrenz unterscheiden: Produktentwicklung, Forschung, Marketing, strategische Planung usw. werden schrittweise aufgebaut werden. Immer wenn ein Mitbewerber ein neues Ressort installiert, ziehen die anderen mit usw. Alles wird immer effizienter, die Wettbewerbsvorteile halten immer kürzer an; gelegentlich wird die auch jenseits des Wettbewerbs liegende Brauchbarkeit eines neuen Bereichs dadurch beeinträchtigt, daß jeder ihn installiert (wie z.B.

im Falle der strategischen Planung: die Planung aller anderen wirft die Planung eines jeden laufend über den Haufen).

Die Organisationen werden aus verschiedenen Gründen in diesem unabschließbaren Prozeß (zunächst) immer komplexer. Es entstehen immer mehr Abteilungen mit eigener Logik und hochentwickelter Professionalität. Sie werden voneinander immer abhängiger. Keine übergeordnete Instanz schafft es mehr, sie nach Regeln sinnvoll miteinander zu vernetzen, Selbstorganisation ist angesagt.

Damit tritt ein zentraler Aspekt der Komplexität immer deutlicher hervor: Man kann nicht mehr vorhersagen, welche Auswirkungen die Entwicklungen und Aktivitäten eines Bereiches organisationsintern auf alle anderen Bereiche haben; geschweige denn, daß man sagen könnte, welche Auswirkungen alle innerorganisatorischen Prozesse auf die relevanten Umwelten haben; noch ist vorherzusehen, wie solche Auswirkungen jeweils wieder zurückwirken.

Eine weitere Folge der Komplexitätszunahme: Die Organisationen werden aus zwei Gründen selbstreflexiver. Zunächst deshalb, weil Wettbewerbsvorteile ab einem bestimmten Punkt (wenn die *nach außen* gerichteten Aktivitäten, vom Verkauf bis zur strategischen Planung, alle in der Organisation verankert sind) nur mehr über die effizientere Gestaltung *interner* Prozesse erwirtschaftet werden können. Ihnen wird daher gesteigerte Aufmerksamkeit zuteil: Neue Organisationseinheiten entstehen wie z.B. Innenrevision, Qualitätskontrolle. Stellen diese noch am Produkt orientierte selbstreflexive Instanzen der Organisation dar, so differenzieren sich in der Folge solche Bereiche aus, die sich mit dem Personal, seiner Aus- und Fortbildung befassen; schließlich solche, deren Gegenstand die Organisation selbst ist, wie Abteilungen interner Beratung und Supervision.

Letztlich wird alles – organisiert in Einheiten innerhalb einer Struktur, die bei aller funktionalen Ausdifferenzierung immer noch Maß nimmt an dem hierarchischen Gedanken der Ab-Teilung – zu schwerfällig für die sich im wachsenden Druck der Konkurrenz enorm beschleunigenden Prozesse. Es entstehen daher Tendenzen, sich primär mit diesen Prozessen (sogenannten Primärprozessen) zu befassen und die Organisation um solche Prozeßketten herum aufzubauen, anstatt in Strukturen entsprechend der funktionalen

Ausdifferenzierung einzelner Tätigkeitsbereiche. Das neue Schlag-
wort dazu heißt Business-Reengineering (Hammer u. Chompy
1995). Das erhöht noch einmal den Bedarf an interner organisatorischer Selbstreflexion und wird noch einmal einen Nachfrageschub
nach Supervision in Organisationen bewirken.

2.8.2 Fallbeispiel 6: Eine Organisation macht der anderen ein Geschenk[8]

Das folgende Beispiel zeigt, wie sich das Zusammenspiel zweier
konkurrierender Organisationen in einem Bereich einer Organisation niederschlagen kann und wie es gelingen kann, in der Supervision zu entdecken, wo das Problem liegt.

Das Team der Jungen psychosozialen Ambulanz eines psychiatrischen Krankenhauses hatte mich eingeladen, es zu supervidieren. Es ist mir lange Zeit nicht klar geworden, ob die offizielle Bezeichnung psychiatrische oder psychosoziale Ambulanz lautet (und
es soll noch deutlich werden, daß dies nicht untypisch ist für das
dominante Arbeitsproblem des Teams). De facto war die Ambulanz
im Sinne interdisziplinärer Arbeit tätig, die nicht ausschließlich
psychiatrisch ausgerichtet ist. Die gesamte psychosoziale Realität
der Klienten – vorwiegend entlassener oder zu entlassender Insas-
sen der Anstalt – sollte erfaßt werden. Die Klienten wurden psychiatrisch, psychotherapeutisch, sozialarbeiterisch mit dem Ziel der
vollen Rehabilitation nachbetreut.

Unser Arbeitsvertrag legte fest, daß alle Aspekte der Arbeit des
Teams Gegenstand der Supervision sein sollen. Schwierigkeiten in
der direkten Interaktion mit Klienten, kooperationsbezogene teaminterne und institutionell-organisatorische teamübergreifende Probleme, soweit sie für die unmittelbare Arbeit von Relevanz sind,
sollten uns beschäftigen.

Zu den wichtigsten Problembereichen gehörten zu Beginn der
Supervision: der Widerspruch zwischen Fülle der Arbeit und inhaltlicher Aufgabe, die mehr Zeit in Anspruch nahm, als man zu haben
meinte; die unausgesprochenen, oft belastenden Standards des
Teams, die festlegten, wie sehr man ins Team integriert war. Es bestand eine Konkurrenz der Mitarbeiter darum, wer am fleißigsten

---

8 Das Fallbeispiel ist in leicht veränderter Form einer Arbeit entnommen, die
unter dem Titel „Der systemische Ansatz in der Beratung von Institutionen des
Gesundheitswesens" erschienen ist. In: Reiter, Brunner, u. Reiter-Theil (1989).

und menschlichsten arbeitete. Das ging so weit, daß Muße zur Überlegung und Besprechung problematischer Fälle als mangelnde Arbeitsmotivation angesehen wurde. Man stand unter dauerndem Streß, überforderte sich permanent. Auch die Konkurrenz zwischen den Berufsgruppen war Thema. Zu ungleichen Bedingungen, mit ungleichem Status und ungleicher offizieller Anerkennung sollten sie mehr oder weniger gleichberechtigt miteinander arbeiten. Die Nähe der Mitarbeiter zur ambulanzführenden Oberärztin war ein immer wiederkehrendes Thema, ebenso wie die Unzufriedenheit mit dem Leiter der Anstalt, von dem man sich hängengelassen fühlte. Man klagte, daß es kein Konzept für die Tätigkeit der Ambulanz gäbe. Dem entsprach eine deutlich merkbare Tendenz des Teams, die Supervision in eine (themenzentrierte) Selbsterfahrungsgruppe umzufunktionieren und sich im dank der Supervision optimierbaren Binnenklima der Gruppe selbstgenügsam abzuschließen.

All dies sind Probleme, die einem in Organisationen arbeitenden Supervisor vertraut sind. Was daran interessant erschien, war die Tatsache, daß es sich um Probleme handelte, die das Team zum größten Teil schon mit einem früheren, kompetenten Supervisor mit einigem Erfolg durchgearbeitet hatte. Auffallend war, daß man sich von dem früheren Supervisor aus nicht ganz erfindlichen Gründen, die auch im weiteren Verlauf der Supervision nicht genauer benannt wurden, getrennt hatte. Ich hob diese Tatsache hervor, weil es mir sowohl als ein Erfolg der ersten Supervision als auch als Qualitätszeichen des Teams vorkam, daß die Mitarbeiter die genannten Arbeitsprobleme alle sehr effizient, ohne großes Zutun von mir zu analysieren und zu bewältigen imstande waren. Deshalb wurde mir zunehmend unklarer, warum das Team mich als Supervisor und warum es überhaupt nach Supervision verlangt hatte.

Nicht, daß unsere Arbeit miteinander erfolglos war, im Gegenteil, es fanden sich immer neue Probleme, die im Rahmen der Supervision zu bearbeiten sinnvoll war, und es änderte sich einiges im arbeitsbezogenen Umgehen miteinander und in der Arbeit selbst, ohne daß der Wunsch nach weiterer Supervision damit befriedigt worden wäre. Das war für mich um so verblüffender, als ich der wachsenden Überzeugung war, daß all das auch ohne Supervision möglich gewesen wäre. So erschien es mir zunehmend als meine Aufgabe, herauszufinden, worin das Bedürfnis nach Supervision seine Berechtigung hatte.

Einige Indizien führten auf diesem Weg weiter. Da war zunächst das bleibende, wenn nicht sogar wachsende Unbehagen, mit einer unerfüllbaren Aufgabe in dieser Ambulanz konfrontiert zu sein. Dieses Unbehagen nahm gelegentlich Ausmaße der Existenzbedrohung in der Arbeit an, ohne daß genauer bestimmt werden konnte, worin die Unerfüllbarkeit der Aufgabe gelegen wäre.

Da war weiters die Tendenz, den ohnehin guten Teamzusammenhalt noch zu verstärken – eine Tendenz, der auffallend viel Energie gewidmet wurde. Sie war verbunden mit der Tendenz, einen Außenseiter im Team zu produzieren. Ihm wurde vorgeworfen, daß er die Arbeit und das Arbeitsklima störte, nicht an der Pionieraufgabe der Ambulanz, sondern nur an seiner Karriere interessiert war.

Auffallend war schließlich der schon erwähnte immer wiederkehrende Vorwurf, daß der Leiter des psychiatrischen Krankenhauses, der zugleich als offizieller Leiter der Ambulanz fungierte, das Team allein ließ, es nicht stützte und an der inhaltlichen Arbeit des Teams keinerlei Interesse zeigte, solange es nur als psychosoziale Ambulanz existierte. Dieser Vorwurf war zunächst um so unverständlicher, als das Team seine Arbeit ohnehin in vorbildlicher Weise leistete und dazu der Unterstützung des Anstaltsleiters in keiner Weise zu bedürfen schien.

Die weitere Auseinandersetzung mit diesem Vorwurf förderte Details zur Geschichte der Entstehung dieser Ambulanz zutage, die den Stellenwert der drei eben genannten Symptome des Teams (Existenzbedrohungsgefühl, Verstärken des Teamzusammenhalts, Vorwurf an den Leiter des Krankenhauses) erhellten.

Die psychosoziale Ambulanz des psychiatrischen Krankenhauses war relativ bald nach jener Institution gegründet worden, von der im vorigen Fallbeispiel die Rede war: der dezentral organisierten Institution zur Durchführung einer Psychiatriereform.

Im Zusammenhang mit der Aufgabe der Reformorganisation stand die Bettenreduktion im traditionellen psychiatrischen Krankenhaus und damit die Überführung stationärer Patienten in solche, die ambulant von der neugegründeten Organisation betreut werden sollten. Ein für die bisherige Psychiatrie der Stadt revolutionäres Konzept, dessen mit Elan unternommene Durchsetzung verständlicherweise als Konkurrenzunternehmen zum psychiatrischen Krankenhaus, wenn nicht überhaupt als dessen Existenzgefährdung erlebt werden mußte. Dennoch ist dieses sehr sinnvolle

Konzept in seiner Durchführung auf die Kooperation mit dem Krankenhaus angewiesen, und es ist daher ebenso sinnvoll, Kooperationsbereitschaft anzumelden.

Im Laufe der Supervision stellte sich heraus, daß die Gründung unserer Ambulanz als Ergebnis dieser Kooperationsbereitschaft erlebt worden war. Die Abmachung zwischen dem Leiter der neuen Institution und dem Leiter des psychiatrischen Krankenhauses sei folgende gewesen: Die neue Institution verzichtete bei ihrem Aufbau (zunächst) auf die Errichtung einer Station in dem Teil der Stadt, in dessen Einzugsbereich das psychiatrische Krankenhaus lag. Dafür wurde im psychiatrischen Krankenhaus eine psychosoziale Ambulanz eingerichtet, die innerhalb des Krankenhauses in einer Weise arbeiten sollte, die dem Konzept der neuen extramuralen Institution entsprach. Die Ambulanzmitglieder bezeichneten das als Bestechungsgeschenk an das Krankenhaus.

In der Folge der Darstellung dieser Entstehungsgeschichte wurde deutlich, warum das Team die Existenz der Ambulanz als gefährdet erlebte. Angesichts der Konsequenz und Zielstrebigkeit, mit der die Reformorganisation ihren flächendeckenden Aufbau vorantrieb, schien es unwahrscheinlich, daß auf die Dauer gerade in dem einen Teil der Stadt keine psychosoziale Station eingerichtet werden sollte. Mit der Gründung einer extramuralen Einrichtung wäre die Ambulanz im Krankenhaus aber überflüssig und ihrer Aufgabe beraubt – auch wenn sie sozusagen pro forma weiterbestehen würde, wie das bei einmal gegründeten Organisationseinheiten in größeren Institutionen meist auch dann der Fall ist, wenn sie ihre Funktion längst verloren haben. (Tatsächlich wurde noch im Laufe der Supervision in dem in Frage stehenden Stadtteil eine Station außerhalb des Krankenhauses gegründet.)

Unsere Ambulanz war mit ihrer permanenten Identitätskrise der symptomatische Ausdruck für ein institutionelles Dauerproblem zwischen den beiden Organisationen – dem Krankenhaus und der neuen extramuralen Einrichtung. Wie alle Symptome, stellte sie einen Lösungsversuch eines Problems dar.

Mit diesen im Laufe der Supervision immer klarer herausgearbeiteten organisatorischen Bedingungen der Arbeit der Ambulanz wurde fast alles erklärbar, was in der Supervision zwar auffällig, aber nicht verständlich gewesen war. Es handelte sich um Versuche, die bedrohenden Umwelteinflüsse zu verarbeiten.

121

Die Frage, warum das Team Supervision wollte, obwohl es allein in der Lage war, die gängigen Supervisionsprobleme auf der Sach- wie auf der Beziehungsebene zu bearbeiten, hatte eine Antwort gefunden: Auf der bislang der Aufmerksamkeit nicht zugänglich gewordenen Ebene der organisatorischen Rahmenbedingungen war, dem Bewußtsein des Teams entzogen, ein, wie es schien, unlösbares Problem gelegen. Es zeigte auf allen anderen für die professionelle Arbeit wichtigen Ebenen Auswirkungen, zu deren Bearbeitung das Team Hilfe wollte.

Auch das Gefühl, einer unlösbaren Aufgabe ausgesetzt zu sein, an dem das Team trotz ausgeprägter Arbeits- und Problemlösungsfähigkeit litt, hatte seinen Grund gefunden: Nicht die Probleme der fachlichen Arbeit waren unlösbar. Das Team war durch die genannten organisatorisch-institutionellen Bedingungen seiner Gründung, die jenseits der Beeinflussung durch professionelle Fähigkeiten der Mitarbeiter lagen, bedroht. Dementsprechend wurde die Tendenz verständlich, sich im wärmenden Gruppenbinnenklima, das nicht genug aufgeheizt werden konnte, zu verstecken. Damit sollte ein Gegengewicht geschaffen werden zu dem Gefühl, irgendwelchen unberechenbaren, die Existenzgrundlage der Arbeit zerstörenden Mächten ausgeliefert zu sein.

Je weniger dem Team diese Ursache seiner Bedrohung zugänglich war, desto naheliegender war der Versuch, einen Außenseiter zum Sündenbock zu machen, gegen den man sich zusammenschließen mußte: Jemand, der kein besonderes Interesse an der Identität der Ambulanz hatte, sie bloß für seine Karriere zu benutzen schien, stand stellvertretend für die Fantasie vom Leiter der Reformorganisation. Dieser war zwar maßgeblich an der Entstehung der Ambulanz beteiligt, dennoch unterstellte man ihm nur ein vorübergehendes strategisches Interesse an ihrer Existenz. Ebenso stand der Sündenbock für den Leiter der psychiatrischen Anstalt. Von diesem konnte nach Ansicht des Teams das gleiche gesagt werden. (Zur Unabänderlichkeit des organisatorischen Sachverhalts, von dem die Existenz der Ambulanz abhing, sollte dann auch ein Wechsel ihrer Leitung passen. Nach dem Ausscheiden der positiven Identifikationsfigur der Oberärztin wurde gerade jener als Gefährdung des Teams erlebte Außenseiter zum Leiter der Ambulanz. Ein Symbol für die Aussichtslosigkeit der Bemühung, die Ambulanz – ohne Berücksichtigung ihrer relevanten Umwelt – in die vom Team gewünschte Richtung zu konsolidieren.)

Wie konnten diese Erkenntnisse in der Supervision genutzt werden, wenn die Sachverhalte, die in ihnen als Arbeitshindernis formuliert worden waren, durch organisatorische Selbstreflexion des Teams nicht behoben werden konnten?

Bislang waren die genannten Bedingungen der Existenz der Ambulanz in ihrer emotionalen Bedeutung, aber zum Teil auch in ihrem Inhalt vom Team nicht wahrgenommen worden. Ihre bewußte Anerkennung in der Supervision hatte eine Wirkung, die jeder durch Analyse geförderten Einsicht in „dynamisch unbewußte" und daher unser Handeln unkontrollierbar und mächtig beeinflussende Zusammenhänge glich. Man kann sie daher auch mittels psychoanalytischer Kategorien beschreiben. Allerdings ging es weder um das Verständnis individuell-innerpsychischer noch interaktioneller, aus der Teamsituation der Ambulanz heraus entstandener Zusammenhänge, die beide dem Erlebnis direkt zugänglich sind. Die gewonnenen Einsichten betrafen Verhältnisse, die Sachkenntnisse und Informationen voraussetzten – in unserem Fall über die Zusammenhänge zwischen zwei Organisationen, welche die relevante Umwelt unserer Ambulanz darstellten. Es bedurfte eines höheren Ausmaßes an Abstraktion vom Erleben.

Dennoch handelt es sich bei den aus der Teamsituation zutage geförderten organisatorischen Zusammenhängen nicht um theoretische Erkenntnisse, sondern um Einsicht. Wenn sie auch im Verlauf der Supervision mühsam erschlossen worden waren, so war doch die emotional belastende und die Arbeit behindernde Wirkung, die sie aus der „Verleugnung" heraus entfaltet hatten, in dem organisatorischen Kontext erlebbar geworden. Und dieses über die Erkenntnis von organisatorisch-instutionellen Zusammenhängen vermittelte Erleben half, die im Team mobilisierten Bewältigungs- und Abwehrstrategien in ihrem Symptomcharakter zu erkennen und an ihrer Auflösung zu arbeiten.

Ein Teil der Arbeitsenergie des Teams mußte nicht mehr darauf verwendet werden, die Existenzbedrohung der Ambulanz und der Arbeitsmöglichkeiten ihrer Mitglieder zu verleugnen. Auch die unbewußt entstandenen Bewältigungsversuche, in die sich das Verleugnete doch wieder symptomhaft eingeschlichen hatte, brauchten nicht mehr aufrechterhalten zu werden. Es war nicht mehr notwendig, den ohnehin guten Teamzusammenhalt fast zwanghaft zu verstärken; der Sündenbock brauchte nicht immer wieder aufgebaut zu werden; und die als unlösbar erlebte Aufgabe, von der man nun wußte, warum sie als unlösbar erlebt wurde, führte nicht mehr zu jenem Leistungsdruck, der den tatsächlichen Arbeitsaufgaben unangemessen war, und dem zu entsprechen, wie sich gezeigt hatte, die Situation auch nicht entlasten konnte.

Doch trotz der teilweisen Auflösung dieser Symptome und der Arbeit an ihrer weiteren Beseitigung blieb der nun benennbare Grund ihrer Bildung bestehen. Bedingt durch die beschriebene Verflechtung der beiden Organisationen, erschien die Ambulanz tatsächlich in ihrem Weiterbestehen als psychosoziale Ambulanz gefährdet. Weder schien das Erlebnis der Bedrohung der Ambulanz auf einem „pathologischen", durch Supervisionsarbeit auflösbaren Erleben der Mitarbeiter zu beruhen; noch war zu vermuten, daß die als real erlebte Bedrohung durch irgendwelche Erfolge der Supervision aufgelöst werden konnte.

Die Identität der Ambulanz blieb durch ihre organisatorischen Umwelten bedroht. Konnte sie unter den gegebenen Bedingungen auf Dauer als psychosoziale Ambulanz weiterbestehen? Würde sie sich auflösen oder zu einer mehr psychiatrischen Ambulanz werden? Solange diese Fragen nicht entschieden waren, war zu befürchten, daß nach Beseitigung der alten Symptome sich langfristig neue oder überhaupt Resignation ausbreiten würden.

Die Supervision war hier an einem Punkt angekommen, wo es geraten erschien, mit dem Team zu überlegen, welche bzw. ob überhaupt Schritte unternommen werden konnten, um zu einer Klärung der institutionellen Situation der Ambulanz zu gelangen. Es stand zu überlegen an, ob es nicht sinnvoll wäre, die Supervisionssituation zu verlassen, um mit dem Team oder mit seiner Leiterin eine Organisationsberatung in der Frage der Ambulanz anzuregen.

Das letzte schien aufgrund des psychiatriepolitischen Gesamtzusammenhangs, in dem die Ambulanz nur ein eher unbedeutendes Element darstellte, wenig erfolgversprechend und wurde vom Team abgelehnt. Da zunächst ohnehin noch eine genauere Realitätsprüfung des aktuellen Standes der Bedrohung der Ambulanz ausstand, entschloß sich die Oberärztin aufgrund unserer Sitzungen bei den Leitern der beiden Organisationen nachzuforschen.

In den Gesprächen wurde ihr einerseits von beiden Gesprächs-partnern versichert, daß die Existenz der Ambulanz in keiner Weise bedroht wäre; andererseits wurde ihr die Möglichkeit angeboten, mit ihrem Team eine Ambulanz außerhalb des Krankenhauses im Rahmen der Reformorganisation zu eröffnen (was sicher die konse-quentere Lösung des Problems gewesen wäre).

Mehr beruhigt durch die doppelte Anerkennung der Arbeit der Ambulanz als beunruhigt durch den in der Einladung versteckten Hinweis, daß die Gründung einer extramuralen Station in der frag-lichen Region doch anstand, entschied man sich im Team, alles so zu belassen, wie es war. Der Druck schien eine Zeitlang vom Team gewichen zu sein, was sich in den verschiedensten Hinsichten auf das Angenehmste dokumentierte. Als sich jedoch nach einiger Zeit Vorbereitungen zur Gründung einer extramuralen Ambulanz in der Region bemerkbar machten, denen die Gründung bald folgen soll-te, entschied sich die Oberärztin, wie schon erwähnt, ihren Posten zur Verfügung zu stellen. Es war mit ihrer beruflichen Identität nicht vereinbar, die Ambulanz nur als psychiatrisch orientierte Einrich-tung zu führen.

Welche Aufgabe blieb für die Supervision? Bis zu ihrer Einstel-lung durch den neuen Ambulanzleiter bestand ihre Hauptaufgabe darin, auf dem Wege der Umstellung zu einer eher psychiatrischen Spitalsambulanz behilflich zu sein und sowohl die Verleugnungs-tendenzen hinsichtlich dieser neuen Situation als auch die Anzei-chen der Resignation bearbeiten zu helfen.

3. Supervision und die Institutionalisierung von organisatorischer Selbstreflexion – Einige Gedanken über die Zukunft von Supervision in Organisationen

1. Die folgenden Überlegungen schließen an die Ausführungen über die Selbstreflexivität komplexer Organisationen an. Es war davon die Rede, daß organisatorische Selbstreflexion zu einem wichtigen Steuerungsinstrument moderner Organisationen wird. Der Stellenwert der Supervision in diesem Zusammenhang wurde benannt.

Diese Gedanken sollen einen Schritt weiter getrieben werden: Selbstreflexion als Steuerungsinstrument bedarf der Institutionalisierung. Das bedeutet die Herausbildung eigener Instanzen und Einrichtungen organisatorischer Selbstreflexion in den Organisationen: Es setzt geeignete Instrumente in den Organisationen voraus, die neuerdings entwickelt werden, wie z.B. Mitarbeitergespräche, organisationsinterne bzw. abteilungsinterne Feedbacksitzungen, Reflexionsklausuren – und Instrumente, die helfen, solche Instrumente zu entwickeln und zu nutzen: Supervision und Coaching. Und es bedarf geeigneter Formen ihrer Installierung und Verankerung in der Organisation – es bedarf der Institutionalisierung (Buchinger 1991b).

Es macht einen Unterschied, ob Supervision in Organisationen vorwiegend zur Beratung angefallener organisatorischer Probleme und Konflikte eingesetzt wird oder zur Unterstützung von Organisationseinheiten und Funktionsträgern im Erwerb selbstreflexiver Kompetenz oder ob es in ihr (aber auch mit ihr) um die Institutionalisierung von Selbstreflexion in Organisationen geht.

Im ersten Fall ist Supervision ein Instrument, dessen man sich bedient, um ein praktisches Problem zu lösen. Im zweiten Fall stellt sie eine Methode der Fortbildung dar. Im dritten Fall wird sie oder das, was in ihr geschieht, als unentbehrlicher Bestandteil der selbst-reflexiv gewordenen organisatorischen Arbeit gesehen, der seinen festen, institutionalisierten Platz in der Organisation erhalten hat. (Das heißt nicht, daß *Supervision* zur Dauereinrichtung selbstreflexiver Organisation werden muß, obwohl auch das der Fall sein kann. Es heißt, daß *organisatorische Selbstreflexion* als Dauereinrichtung ihren Platz in der Organisation mit Hilfe von Supervision erhalten kann.) Nur im letzten Fall besteht die Chance, daß organisatorische Selbstreflexion den Stellenwert erhält, der ihr als angemessenes Steuerungsinstrument in komplexen Organisationen zukommt.

Weil ich meine, daß die in Gang befindliche Entwicklung die Institutionalisierung und die Herausbildung eigener Instanzen organisatorischer Selbstreflexion in komplexen Organisationen unvermeidlich macht und Supervision in Zukunft mehr damit befaßt sein wird, will ich dieser Vermutung etwas ausführlicher nachgehen. Dabei geht es mehr um die Hervorhebung eines neuen Aufmerksamkeitsschwerpunktes in der Supervision als um praktische Anweisungen, wie man technisch damit umgehen kann.

Und weil ich befürchte, daß der hier angegebene Sachverhalt, daß also die Rede von der Institutionalisierung und der Herausbildung eigener Instanzen organisatorischer Selbstreflexion im Kontext der Supervision etwas befremdlich klingt, ersuche ich den Leser, mir bei einem Beispiel zu folgen, das zwar nichts mit Supervision zu tun hat (oder doch?), mir aber geeignet erscheint, anschaulich vor Augen zu führen, wovon die Rede ist. Danach will ich zur Ausgangslage zurückkehren.

2. Ich will *am Beispiel des Umgangs mit der Zeit* beleuchten, wie es durch Zunahme von Komplexität zur Ausbildung eigener institutionalisierter und professionalisierter Formen der Selbstreflexion kommt. Ich ziehe es deshalb als Beispiel heran, weil es sich bei der Frage der Zeiteinteilung einerseits um eine grundlegende selbstreflexive Tätigkeit handelt, weil sich andererseits die Zunahme von organisatorischer Komplexität in Fragen des Zeitmanagements spiegelt. Man kann sich daher in der Folge parallel zum Gesagten, Schritt für Schritt die entsprechende Entwicklung von Organisationen vorstellen.

Sich die Zeit einteilen ist eine Aktivität, um die man nicht umhin kommt, wenn man bewußt handelt. Es ist eine Aktivität, in der man sich auf sich selbst bezieht. Denn sich die Zeit einteilen heißt nichts anderes, als das, was man vorhat, vorwegnehmend im Nacheinander zu planen. Diese selbstreflexive Aktivität findet immer statt, auch wenn es nicht auffällt. Denn ohne bestimmte Zeitabläufe zumindest vage vorwegzunehmen und ohne sich zu diesem Zweck zumindest ansatzweise auf die eigene Vergangenheit zu beziehen, könnte man nicht einmal „spontan" vor sich hin leben, es sei denn, man schliefe traumlos.

Diesen fundamentalen Selbstbezug vorausgesetzt, können wir sehen, wie unterschiedlich er in verschiedenen Situationen stattfindet.

Nehmen wir an, jemand befindet sich im Zustand des Müßiggangs, hat keinerlei fixe Verpflichtungen und ist überdies mit dem Lebensnotwendigsten versorgt. Man kann sich diesem Zustand zeitweise annähern, wenn man Urlaub im Hotel macht. In einer solchen Situation ist es nicht nötig, einen genauen Zeitplan aufzustellen. Man kann sich weitgehend von seinen Bedürfnissen, wie sie gerade auftreten, und vom Wetter leiten lassen. Man wacht zum Beispiel auf, blickt aus dem Fenster hinaus, registriert die Sonne, greift zur Badehose und geht schwimmen, auch wenn gerade Frühstückszeit ist. Bekommt man dann Hunger, so bestellt man sich etwas, sozusagen außer der Zeit, und so weiter.

Die Zeiteinteilung wird in einer unauffällig impliziten Weise stattfinden. Man wird sich die Zeit einteilen, ohne sich dessen bewußt sein zu müssen, man wird sich nicht sagen müssen: „Jetzt teile ich mir die Zeit ein." Der Selbstbezug tritt zwar nicht als besonders hervorzuhebende Aktion in Erscheinung, geschweige denn als kompliziertes Geschäft, das eigens gelernt und strukturiert werden muß. Es wird rudimentär und wie von selbst geschehen, so unauffällig, daß man meint, die Bedürfnisse tun das, sie treiben einen zuerst hierhin und dann dorthin. In Wahrheit tut man das sehr wohl selbst. Es ist also nicht so, daß das schöne Wetter „spontan", d.h. automatisch den Griff zur Badehose, den darauffolgenden Gang ans Wasser und den Kopfsprung hinein so auslöst, wie der Druck auf den Schalter das Angehen des Lichts. Der Handlungsablauf ist vermittelt über einen unvermeidlichen selbstreflexiven Bezug auf die eigene Zeit.

Das heißt, die spontane Handlung ist gar nicht so spontan, sondern hoch vermittelt über einen psychischen Prozeß, in welchem nicht der Reiz „Sonne" die darauf folgende Handlungskette, die dann ein einfacher (determinierter) Reaktionsablauf wäre, auslöst. Vielmehr lösen interne Prozesse (der Wunsch, baden zu gehen) andere interne Prozesse aus (den Entschluß, es auf Kosten anderer Möglichkeiten auch zu tun), aufgrund derer man dann entsprechend handelt. Das Resultat (die Handlungskette) ist nicht vorausberechenbar, wenn man den „Auslöserreiz" kennt. Ein interner, selbstreflexiver Vermittlungsprozeß führt zu einem Ergebnis, das eine Möglichkeit unter vielen darstellt. Was in unserem Fall als Spontaneität bezeichnet wird, ist die Tatsache, daß der selbstreflexive Prozeß als solcher nicht sonderlich in Erscheinung tritt.

Diese implizite Zeiteinteilung reicht auch im Zustande des Müßiganges dann nicht mehr ganz aus, wenn man eine Reihe unverzichtbarer Aktivitäten vorhat, die noch dazu an nicht beeinflußbare Rahmenbedingungen gebunden sind. Wenn das Wasser im Meer erst zu Mittag die Temperatur hat, bei der man baden will, und wenn die Geschäfte im Ort, wo man einiges einzukaufen plant, nur bestimmte Öffnungszeiten haben.

Je vielfältiger und je weniger gegeneinander austauschbar die einzelnen Bedürfnisse oder Vorhaben und je limitierter die vorhandenen externen (aber auch internen) Ressourcen für ihre Erfüllung bzw. Durchführung, desto mehr wird die Zeiteinteilung als eigene selbstreflexive Aktivität in Erscheinung treten. In unserem Beispiel bleibt sie zwar noch sehr rudimentär. Man wird sich einmal an der Rezeption des Hotels erkundigen und die paar fixen Termine, die man mitgeteilt bekommt, im Kopf behalten, und es wird klar sein, daß man sich für diese Zeit nichts anderes mehr einfallen läßt. Man wird vielleicht öfter daran denken oder sich die Termine zur Erinnerung auf einen Zettel schreiben. Die selbstreflexive Tätigkeit der Zeiteinteilung wird nicht sehr aufwendig sein, aber aus ihrer Latenz wird sie das erste Mal heraustreten, wenn auch nur vorübergehend.

Diese Situation ändert sich, wenn die Komplexität der Verhältnisse zunimmt. Damit ist zweierlei gemeint: 1. die Zunahme der Vielfalt der Aktivitäten, die miteinander koordiniert werden müssen, 2. die Vielfalt unterschiedlicher Bezugssysteme, auf die man angewiesen ist, um diese Tätigkeit zu erfüllen, und von denen die Tendenz zur Zunahme der Tätigkeiten andererseits auch ausgeht.

Zum ersten Punkt: Je vielfältiger und termingebundener die verschiedenen Aufgaben, desto genauer müssen sie koordiniert werden, damit es keine Überschneidungen gibt. Zum zweiten Punkt: Je mehr die Tätigkeitsbereiche innerhalb des Berufs (mehr noch in der Trennung von Beruf und Privatleben) auseinanderfallen, desto mühsamer wird die Frage der Zeiteinteilung, desto schwierigere Aufgaben werden der diesbezüglichen Selbstreflexion gestellt. Um alles unterzubringen und dabei Kollisionen zu vermeiden, wird man seine Zeit ausdrücklich planen müssen. Die selbstreflexive Tätigkeit der Zeiteinteilung wird als eigene Form der Aktivität in Erscheinung treten, als eine Aktivität, die sich auf die Möglichkeit der Durchführung anderer Aktivitäten bezieht.

Zunächst wird es also auffallen, daß die Tätigkeit der Zeiteinteilung selbst Zeit beansprucht. Der neuen Tätigkeit muß in der Zeiteinteilung ein eigener Raum reserviert werden, sonst findet sie in der expliziten Form, in der sie nun durchgeführt werden muß, nicht statt. Es entsteht eine paradoxe Situation. Um die knapper werdende Zeit besser einzuteilen, um die wachsende Zahl nicht so leicht miteinander integrierbarer Aktivitäten unterzubringen, muß eine zusätzliche Aktivität eingeführt werden, welche die Zeit noch knapper werden läßt, weil sie selbst Zeit benötigt.

Doch auch hier gibt es unterschiedliche Grade des Explizitwerdens dieser immer ablaufenden Tätigkeit, unterschiedliche Grade, in denen sie Raum beansprucht und in denen sie es zu sehr verschiedenen Erscheinungsbildern bringt:

– Je mehr Spielraum vorhanden bleibt, der nicht von einem der Tätigkeitsbereiche regelmäßig besetzt ist, und über je mehr Spielraum die anderen Personen oder Gruppen bzw. Organisationen verfügen, mit denen man es zu tun hat, desto rudimentärer kann die nun explizit vorzunehmende Zeitplanung bleiben, desto mehr Momente der Selbstreflexion können weiterhin latent bleiben. Es wird Zeit genug für spontane Aktivitäten geben. Schlimmstenfalls wird man sich einen einfachen Übersichtskalender als Gedächtnisstütze für ins Auge gefaßte Termine leisten müssen.

– Je zyklischer, d.h. in einem einmal festgelegten Rahmen, die unterschiedlichen Tätigkeiten regelmäßig wiederaufgenommen werden, desto eher wird es genügen, eine einmalige ausführliche zeitliche Selbstreflexion anzustellen und deren Ergebnisse festzuhalten. Dies wird z.B. in Form eines ausgeklügelten Stunden- bzw. Wochenplanes geschehen können. Er stellt dann das zu einer fixen Zeitstruktur geronnene Resultat der Selbstreflexion dar. Einmal aufgestellt, vermittelt er das Gefühl, sich nicht weiter auf seine Zeit beziehen zu müssen. Der unvermeidlich laufende Prozeß der Selbstreflexion sinkt wieder in die Latenz zurück, fällt als solcher nicht auf. Man kann sich auf Strukturen verlassen, welche, einmal internalisiert, wegen ihres zyklischen Charakters als quasi-natürlicher Zeitablauf erscheinen. Erst eine notwendig gewordene Umstellung dieses Zeitplans erhellt, welche Mühe der Selbstreflexion im Resultat enthalten ist. (Man denke an die Anstrengung, welche die Erstellung eines Stundenplans zu Beginn jedes Schuljahres bedeutet.)

– Nun ist unser Alltagsleben in immer mehr Bereichen heute dadurch charakterisiert, daß einerseits die zeitlichen Spielräume, die es erlauben, spontan zu handeln, geringer werden; daß andererseits die Vielfalt der Tätigkeiten, die unter einen Hut gebracht werden müssen, zunimmt. Häufig handelt es sich um Tätigkeiten, die nicht durch zyklische Wiederkehr charakterisiert sind. Es gibt vielfach Überschneidungen, die von Woche zu Woche oder von Monat zu Monat wechseln. Es gibt parallel laufende Vorhaben von unterschiedlich begrenzter Dauer. Man hat der Tendenz nach immer mehr zu koordinieren als koordiniert werden kann. Man ist also laufend gezwungen, Prioritäten zu setzen und zu begründen.

Man ist mit einer Situation konfrontiert, welche der Zeiteinteilung eine neue Dimension zufügt, sie zu einer qualitativ veränderten Angelegenheit werden läßt. Weder reicht ein einfacher Kalender als Gedächtnisstütze noch eine einmalige Planung, mit der alles geregelt wäre, aus. Die Planung ist zu einem mühsamen, nach mehrfachen Kriterien gleichzeitig vorzunehmenden Prozeß geworden, einem Prozeß vor allem, der laufend mit einigem Aufwand vorgenommen werden muß: Eine Professionalisierung der Selbstreflexion tritt ein. Ein eigenes Wissensgebiet und eigene Techniken werden entwickelt, die ihrerseits unter Anleitung von Experten erlernt und in eigenen komplizierten Instrumenten angewendet werden (die Time-Management-Systeme). Sie müssen als eigene Tätigkeiten in das Konzert der anderen Tätigkeiten, die sie koordinieren sollen, integriert werden. Das heißt, sie müssen sich selbst mit diesen koordinieren. Es bedarf ihrer Institutionalisierung.

Dabei wird etwas Eigenartiges sichtbar, das für die Zunahme der Komplexität charakteristisch ist. Zunächst nicht ins Auge fallende, als solche gar nicht benennbare Aktivitäten der Selbstreflexion treten als eigene Tätigkeiten hervor, lassen sich jedoch bis zu einem bestimmten Grad der Komplexität nebenbei, ohne besonderen Aufwand, später mit etwas mehr Aufwand und unter Zuhilfenahme einfacher Instrumente durchführen. Nimmt die Komplexität weiter zu, so wird an einem bestimmten Punkt, der dadurch gekennzeichnet ist, daß man beginnt, bei naturwüchsigem Vorgehen den Überblick zu verlieren, die Professionalisierung dieser Tätigkeit unvermeidlich. Es bedarf der Entwicklung methodisch aufgebauter Vorgehensweisen, komplizierter Instrumente und vielleicht eines professionell angeleiteten Lernprozesses zu ihrer Bedienung.

Das eigenartige und, wenn man es genauer überlegt, befremdlich Erscheinende liegt in folgendem Sachverhalt. Je mehr die Komplexität der Tätigkeiten, die es zu koordinieren gilt, zunimmt, desto unvermeidlicher muß ihnen auch eine eigene, ausgeprägt selbstreflexive Tätigkeit der Koordination hinzugefügt werden. Es handelt sich hier um einen paradox erscheinenden Zustand, durch den komplexe Situationen gekennzeichnet sind. Ab einem bestimmten Ausmaß ihrer Komplexität muß man eigene Instanzen institutionalisierter Selbstreflexion einführen, die im Dienste der Reduktion der Komplexität stehen. Dadurch erhöhen sie aber die Komplexität auf einer anderen Seite.

Es darf hinzugefügt werden, daß solche Instrumente der Selbstreflexion, selbst dann, wenn ihre Sinnhaftigkeit klar eingesehen wird, sich nur in Begleitung eines gegen sie gerichteten Widerstandes durchsetzen. Denn es werden mit ihnen neue Strukturelemente in eine bestehende Situation eingeführt – Strukturelemente, die vor ihrer Installierung eher unter dem Aspekt einer mutwilligen Verkomplizierung eines ohnehin komplexen Zustandes erlebt werden müssen und nicht als das ersehnte Mittel, diesen zu vereinfachen. Es wird also Widerstand schon deshalb mobilisiert, weil ein *solches Instrument der Selbstreflexion im ersten Schritt seiner Einführung das Gegenteil von dem darstellt, was es zu bewirken verspricht.*

Darüber hinaus wird die Einführung von Instrumenten der Selbsteflexion deshalb Widerstand hervorrufen, weil sie die *gesamte Struktur, auf die sie sich beziehen, radikal verändert.* Für unser Beispiel der Zeiteinteilung in einer komplexen Situation heißt das, ein Time-Management-System ist kein Instrument, das es möglich macht, durch seine Anwendung wieder zu den Zuständen des einfachen oder vielleicht etwas umfangreicheren Kalenders zurückzukehren. Es reduziert die angefallene Komplexität nicht derart, daß es einen angereicherten, etwas komplizierter gewordenen Stundenplan zur Verfügung stellt, welcher es wieder erlaubt, sich auf routinisierte Abläufe, wenngleich von höherer Dichte, zu verlassen. Er stellt vielmehr ein Instrument dar, dem es um die *Routinisierung der Fähigkeit zu einer dauerhaften Flexibilität* der Zeiteinteilung geht, um die Möglichkeit, auf häufiger wechselnde Umstände adäquat zu antworten.

Soweit das Beispiel der Zeiteinteilung. Was heißt das für unsere Fragestellung?

3. Institutionalisierung organisatorischer Selbstreflexion bedeutet also, daß Organisationen mit der Zunahme ihrer Komplexität veranlaßt werden, eigene Instanzen organisatorischer Selbstreflexion auszubilden.

Die Rede von eigenen Instanzen soll einen naheliegenden Irrtum vermeiden helfen. Er liegt darin, zu meinen, daß parallel zur Zunahme der Komplexität einfach die Menge an Aktivitäten der organisatorischen Selbstreflexion zunimmt. Das stimmt, reicht aber nicht aus. Vielmehr müssen Organisationen zur Bewältigung wachsender interner Komplexität eigene, in sich wiederum mehr oder weniger differenzierte Strukturen, Organe, institutionalisierte Elemente der Organisation ausbilden, deren Funktion die ausdrückliche Beschäftigung der Organisation mit sich selbst ist. Die Ausbildung solcher Instanzen geht, wie unser Beispiel illustrieren sollte, in mehreren Stufen vor sich.

Die Entwicklung eigener Instanzen der organisatorischen Selbstreflexion ist gleichbedeutend mit der Einführung eines Elements in die Organisation, welches die Qualität ihres Selbstbezugs radikal verändert und sie damit zu einer anderen Form von Organisation werden läßt.

Jede andere Art der Selbstbeschäftigung, welche nach dem Muster eines Mehr oder Weniger ohne entsprechende institutionelle Legitimation und damit ohne Öffentlichkeit in der Organisation betrieben wird, dient eher der Stabilisierung einer vorhandenen Struktur. Man denke z.B. an *die informelle Kommunikation in den hierarchischen Organisationen bürokratischer Prägung*. Sie stellt eine Art der organisatorischen Selbstreflexion dar, welche ein Doppeltes signalisiert. Sie bringt zum Ausdruck, daß die formelle Organisation nicht mehr funktionsfähig ist, sie bringt gleichzeitig zum Ausdruck, daß ihre Struktur nicht angetastet und in Frage gestellt werden darf. Wenn sich die Art der informellen innerbetrieblichen Selbstbeschäftigung im Tratsch bzw. im Räsonieren über die Arbeit erschöpft, dann hat dies zwar für den Moment entlastende Wirkung, verändert aber nichts an der Struktur der unbrauchbaren Arbeitssituation. Der Tratsch läßt die Arbeitssituation für eine Weile auch dann wieder erträglicher erscheinen, wenn man sie an und für sich für konterproduktiv hält. Deshalb hält seine entlastende Wirkung nicht an, und er muß immer wiederholt werden und trägt somit dazu bei, die Dysfunktionalität eines Systems zu erhalten und zu festigen, gerade weil er von ihr entlastet.

Eine ähnliche Wirkung hat informelle organisatorische Selbstreflexion auch dann, wenn sie sich nicht im Tratsch erschöpft, sondern dazu führt, daß ein Netz informeller tragfähiger Arbeitsmöglichkeiten entsteht. Man baut dann vielleicht inoffizielle, heimliche oder zumindest mit Augenzwinkern zugelassene, aber öffentlich in der Organisation nicht anerkannte Strukturen auf, welche das Funktionieren der Organisation irgendwie gewährleisten mögen, aber im Gegensatz zur formellen Struktur stehen, während diese offiziell unangetastet und dysfunktional bleibt (Wimmer 1991). Die Aufrechterhaltung der Funktionsfähigkeit bürokratischer Organisationen durch den Aufbau informeller Strukturen kann nur beschränkt erfolgreich sein und hat einen hohen Preis. Es müssen beide Strukturen gepflegt werden, die formellen zum Schein, weil sie nicht angetastet werden dürfen, und die informellen, damit sie erhalten bleiben, um sinnvolle, den Aufgaben der Organisation entsprechende Arbeit zu ermöglichen. Dabei geht viel Arbeitsenergie verloren, die man gerade in komplexen Verhältnissen für die anstehenden Problemlösungen benötigen würde. Außerdem wird die Wirksamkeit informeller Strukturen durch die formellen begrenzt.

Demgegenüber zeichnet sich eine *in eigenen Instanzen institutionalisierte organisatorische Selbstreflexion* durch folgende Aspekte aus:

1. Sie stellt keine private Tätigkeit dar, die sich in räsonierenden Gedanken erschöpft, bzw. keine heimliche Aktivität, die zu informellen Zusammenschlüssen führt. *Sie beansprucht Öffentlichkeit in der Organisation.*

2. *Sie ist mit dem Charakter beruflicher Arbeit versehen*, da es in ihr um einen wichtigen Beitrag zur Erhaltung der Arbeitsfähigkeit einer Organisation geht.

3. Es handelt sich um eine *hochspezialisierte berufliche Tätigkeit*, die bestimmte Fähigkeiten, Qualifikationen und Haltungen voraus-

setzt, deren Merkmale in einem Kontrast zu den meisten fachlich-beruflichen Fertigkeiten stehen. Es bedarf dazu der Ausbildung und des Trainings, wie für andere berufliche Qualifikationen auch. Insbesondere bedarf es des Erwerbs einer „Basisfähigkeit", welche eine spezifische Anforderung komplexer gewordener Lebens- und Arbeitsverhältnisse darstellt und einen fruchtbaren Widerspruch in sich enthält. Gemeint ist die schon mehrfach erwähnte Distanzierungsfähigkeit.

4. Noch aus einem anderen Grund bedarf organisatorische Selbstreflexion der institutionellen Absicherung: *Sie ist nicht fraglos und linear in die Organisation integrierbar.*

So sehr die Bedeutung organisatorischer Selbstreflexion für die Funktionsfähigkeit komplexer Organisationen zunimmt, so sehr bleibt sie ein Fremdkörper in den Organisationen. Dasselbe gilt für organisationsbezogene Supervision. Bestenfalls gelingt es, sie *als* diese Fremdkörper zu integrieren. Zwei Gründe sind dafür verantwortlich:

Der eine Grund scheint mir ein vorübergehender zu sein. Er ist bedingt durch den Prozeß der Entwicklung von einfachen zu komplexen Organisationen. Für die Dauer dieses Prozesses wird organisatorische Selbstreflexion deshalb als Fremdkörper erlebt, weil sie im Kontrast und Widerspruch steht zu den herkömmlichen, vertrauten Methoden, organisatorische Prozesse zu steuern. Der Aufbau neuer Vorstellungen von und in Organisationen läuft immer über Veränderungswiderstände, die dann besonders stark sind, wenn das Neue in strukturellem Gegensatz steht zu dem, was die längste Zeit des Bestehens von Organisationen unumstößliche Norm war. Diesbezüglich wäre die Frage der Integration von organisatorischer Selbstreflexion und Supervision in Organisationen eine Frage der Zeit.

Der zweite Grund, warum zu vermuten ist, daß beide nur als Fremdkörper integrierbar sind, liegt in der „Natur der Sache": Organisatorische Selbstreflexion repräsentiert auch dann einen unaufhebbaren Widerspruch, wenn die Reform oder, sagen wir, Revolution der Idee von Organisation, die heute in Gang ist, erfolgreich stattgefunden hat. Es handelt sich um einen inneren Grundwiderspruch komplexer Organisationen, den man versuchen kann, folgendermaßen zu formulieren: *Organisatorische Selbstreflexion ermöglicht organisatorisches Handeln, indem sie dieses in Frage stellt.* (Dieser Gegensatz kann durch bestimmte Methoden und Techniken der Selbstreflexion organisatorischer Sachverhalte vielleicht gemildert werden, auszuschalten scheint er nicht.) Diesbezüglich bleibt ihre Integration auf Dauer ein Problem.

Was bedeutet das für die Absicherung solcher Selbstreflexion in Organisationen, und was bedeutet es für die Supervision als eine Methode organisatorischer Selbstreflexion? Meine hypothetische Antwort auf diese Frage lautet: *Nicht die Quantität durchgeführter Supervision ist ein Indiz für die Wirksamkeit und Brauchbarkeit organisatorischer Selbstreflexion, sondern die Art ihrer Anerkennung in der Organisation. Und weil diese immer zwiespältig bleibt, wird es darauf ankommen, wie gut es gelingt, organisatorische Selbstreflexion im Arbeitsalltag zu institutionalisieren – als eigene Tätigkeit, die einen integrierten Teil der Arbeit ausmacht, nicht zu ihr als etwas hinzukommt, was nicht „wirklich" als Arbeit angesehen wird. Darin liegt, wie ich meine, ein bedeutender Unterschied.*

Für die Supervision kann das heißen, daß ihr regelmäßiger Einsatz zu einem Teil der Arbeit, sie also selbst in der Organisation institutionalisiert wird oder daß die Institutionalisierung organisatorischer Selbstreflexion ihr Inhalt und Gegenstand wird. In beiden Fällen gehört es zur Professionalität des Supervisors, den Widerspruch und die Fremdheit, die dieser Form der Reflexion gegenüber dem sonstigen Alltagsgeschehen in Organisationen eignen, zu verstehen, sichtbar zu machen und die Probleme, die sich daraus ergeben, zu bearbeiten.

Organisatorische Selbstreflexion braucht also einen institutionell abgesicherten Freiraum, in dem sie bei allem Gegensatz zur restlichen Alltagsarbeit als ein zentraler Bestandteil dieser Alltagsarbeit Anerkennung findet. Supervision in Organisationen, die auf diesen Unterschied nicht achtet, trägt mit großer Wahrscheinlichkeit dazu bei, das Instrument der organisatorischen Selbstreflexion abzustumpfen, anstatt zu schärfen.

4. Zur politischen Brisanz von Supervision[1]

1. Wir haben im vorigen Kapitel gesehen, daß die organisatorische Selbstreflexion einen Sprengsatz enthält, der ihre Integration in den Alltag organisatorischen Geschehens immer spannungsreich und problematisch erscheinen läßt. Wir haben den Sprengsatz zuletzt in der Formulierung zusammengefaßt, daß organisatorische Selbstreflexion organisatorisches Handeln ermöglicht, indem sie es in Frage stellt.

Dies ist auch ein Sprengsatz für die Supervision, der – wie jeder Sprengsatz – das Risiko mit sich bringt, denjenigen in die Luft zu sprengen, der ihn handhabt. Es hängt ganz von der Professionalität der Handhabung ab.

Man kann diesen Sprengsatz im weiteren Sinn auch die politische Brisanz der Supervision nennen. Ich möchte in der Folge deshalb darstellen, was mir die geeignete Haltung in dieser Frage erscheint, weil ich in diesem Zusammenhang immer wieder Einstellungen begegne, die weder den Supervisoren, die über sie verfügen, noch der Supervision dienen und, wie ich meine, auch sonst auf Verwechslungen beruhen.

Ich denke dabei vorwiegend an eine Gruppe von Supervisoren, die sich etwa durch folgendes auszeichnet: Es handelt sich um sehr motivierte, kritisch denkende Supervisoren, die ihre primäre berufliche Sozialisation meist in einem der helfenden Berufe erfahren haben. Nicht nur ihr professionelles, auch ihr soziales Engagement erscheint sehr hoch. Sie verstehen ihre berufliche Arbeit in einer eher sinnvoll vermittelten Art und Weise als politische Tätigkeit. Die

---

1 Unmittelbar vor Drucklegung des vorliegenden Bandes stellte sich heraus, daß dieses Kapitel wider Erwarten auch veröffentlicht wird in: G. Fatzer (Hrsg.) (1996): Organisationsentwicklung und Supervision: Erfolgsfaktoren bei Veränderungsprozessen. Köln (Edition Humanistische Psychologie).

genannten Momente münden in einem emanzipatorischen Anspruch, den sie in ihrer Arbeit vertreten. Entsprechend ihrer beruflichen Vorbildung ist dieser Anspruch allerdings meist personenbezogen und getragen von der üblichen Organisationsfeindlichkeit. Die Anliegen der Einzelperson sollen gegen die Organisation vertreten, gestärkt, unterstützt werden.

All das birgt die Gefahr in sich, daß die Supervisoren in ihrer Arbeit der Verführung erliegen, ihrem politischen Anspruch in kurzschlüssiger Art gerecht zu werden. Das muß nicht immer so auffällig wie im Beispiel eines Kollegen geschehen, der Krankenschwestern, die er supervidierte, angesichts ihrer unbefriedigenden Arbeitssituation in einer Klinik dazu aufmunterte, sich gegen die herrschenden Verhältnisse etwas heftiger zur Wehr zu setzen, z.B. durch Streiks oder Interventionen in der staatlichen Bürokratie des Gesundheitswesens; er würde sie dabei unterstützen. Der Verlust supervisorischer Neutralität und die Tendenz, als einseitig Verbündeter gegen die Organisation aufzutreten (und damit seine Rolle als Professioneller selbst dann aufzulösen, wenn er weiterhin dafür bezahlt wird), kann auch unmerklicher stattfinden und sich ausbreiten. Das politische Engagement in solcher Weise nicht vom professionellen Handeln zu unterscheiden, dieses vielmehr zu nutzen, um politische Zielsetzungen zu fördern, mag zwar naheliegend erscheinen, kommt mir jedoch unpolitisch und unprofessionell vor. Denn weder ist damit den politischen Zielsetzungen gedient noch der Sache, die man professionell zu vertreten hätte. Der unmittelbare politische Kurzschluß in Ausübung der Profession beschädigt beides (die politischen Ziele und das Image des Berufs).

Der Unterschied zwischen einem solchen Vorgehen und dem Versuch, seine Klienten (z.B. in der Therapie, Beratung, Fortbildung usw.) sexuell zu verführen, erscheint mir nicht besonders groß. Beides kommt einem Mißbrauch der professionellen Arbeitsbeziehung zur Durchsetzung arbeitsfremder Interessen gleich. Und *dafür* macht es keinen Unterschied, wie berechtigt, interessant, verwerflich oder sonst etwas solche Interessen immer auch sein mögen.

Nun vertrete ich mit dieser Äußerung nicht die (relativ uninteressante) Auffassung einer Trennung von professionellem Handeln und politischem Engagement. Die Alternative erscheint mir gerade nicht zu lauten: Entweder du handelst supervisorisch, oder du verfolgst politische Ziele. Entweder du stellst deine professionelle Kompetenz als Supervisor zur Verfügung, oder du handelst als verantwortlicher Staatsbürger politisch – berufspolitisch in den Standesvertretungen und Ausbildungsinstitutionen, darüber hinaus indem du dich politisch für dein Klientel einsetzt, für die Reform seiner Organisationen, für eine Vermenschlichung seiner Arbeitswelt und für andere gesellschaftspolitisch wichtige Ziele. Natürlich kannst du beide Arten von Tätigkeiten nebeneinander oder hintereinander ausüben, du mußt bloß wissen, daß sie nichts miteinander zu tun haben. Man kann schließlich verschiedene Interessen als eine und dieselbe Person haben.

Ein solcher Standpunkt wäre ebenso von einer eingeschränkten Vorstellung dessen getragen, was man politisch nennt, wie es jener ist, gegen den ich hier argumentiere, und der besagt: Weil alles Handeln politisch ist, soll man in Ausübung seiner Profession versuchen, politische Interessen durchzusetzen.

2. Mir stellt sich der Zusammenhang anders dar: Jede Profession hat eine politische Dimension, wirkt mit an der Realisierung politischer oder politisch relevanter Sachverhalte, so auch die Supervision. Die politische Dimension ist zwar präsent im professionellen Handeln, kann aber mittels dieses Handelns nicht direkt intendiert, nicht unmittelbar angesteuert werden. (Es sei denn, man betätigt sich als Politiker oder berufspolitisch – und sieht dies als Handeln an, dem eine spezifische, unverwechselbare Professionalität eignet.) Dennoch wird gerade das immer wieder versucht:

Erstens dadurch, daß man einen Teil der Profession politischen Zielen reserviert. In der Supervision ist man dann bestenfalls zum Teil als Supervisor tätig, zu einem anderen Teil benutzt man das Setting der Supervision, den professionellen Arbeitsauftrag, das entstandene Arbeitsbündnis, das Vertrauen der Klienten, ihre Abhängigkeit usw., um politische Interessen (von denen man meint, sie seien solche der Klienten oder sollten es wenigstens sein) durchzusetzen oder zu unterstützen. Das ist Mißbrauch der Supervision, bestenfalls zu Zwecken, die in einem anderen Zusammenhang (z.B. Vertretung berufspolitischer Interessen der Klienten) mit Nachdruck und Geschick, aber nicht mit dem professionellen Instrumentarium der Supervision zu vertreten sind. Es ist unprofessionell, weil es eine illegitime Kontextvermischung darstellt, die weder der Supervision noch den politischen Zielen dient.

Die zweite Art von Versuch, politische Ziele mittels des gewählten Berufs direkt anzustreben, liegt darin, daß man diesen Beruf ausdrücklich aus politischen Gründen wählt und ausübt. Man wird z.B.

Supervisor, weil man sich aus demokratischer Überzeugung für Autonomie und Mitbestimmung einsetzen will. Je unmittelbarer solche Motive in der Ausübung des Berufs präsent sind, je stärker sie drängen, um so größer die Gefahr, daß die professionelle Sache, derer man sich zu diesem Zweck bedient, zweitrangige Bedeutung erhält, in ihrem eigenen Recht entwertet wird; daß sachliche Fehler begangen, die Ziele und der Bedarf der Klienten nicht gesehen, sie deshalb missioniert bzw. kolonialisiert werden. Es ist offensichtlich, daß dies sowohl die Supervision als auch die politischen Ziele beschädigt.

Dazu ein Beispiel, wie die politische Mission den Supervisor behindern kann. In einem Team wird die interdisziplinäre Zusammenarbeit von Experten unterschiedlicher hochspezialisierter Berufszweige supervidiert. Keiner hat mehr ausreichend Einblick in die Spezialität des anderen, die Expertisen der einzelnen Mitarbeiter sind derart unterschiedlich und hoch entwickelt, daß die Entscheidung eines von ihnen von keinem anderen mehr adäquat nachvollzogen, geschweige denn überprüft werden kann, aber alle sind aufeinander angewiesen. Situationen dieser Art begegnen uns in der Supervision immer öfter, nicht nur in dem weiter oben (2.5) angeführten Beispiel, auch in Steuerungsgremien komplexer Organisationen, in Projektteams usw. Hier ist in der Kooperation Abhängigkeit voneinander (nicht im hierarchischen Sinn und getragen von Vertrauen und gutem Glauben) angesagt, nicht Mitbestimmung. Wenn die politische, auf Autonomie und Mitbestimmung zielende Mission des Supervisors hier direkt in seine professionelle Tätigkeit eingeht, läuft diese Gefahr, unprofessionell zu werden. Sie wird ihn in der Entwicklung einer korrekten Diagnose der supervidierten Problematik stören, weil eine solche seinen politischen Überzeugungen widerspricht. Er wird das Team daher mit seiner Supervision eher behindern, als daß er dessen Arbeitsfähigkeit fördern hilft.

3. Das professionelle Handwerkszeug der Supervision, wie das der meisten anderen Berufe, eignet sich nicht zu direkter Durchsetzung politischer Ziele, so sinnvoll diese immer sein mögen.

Natürlich kann man seine Stellung als Professioneller benutzen, um politische Interessen entweder dieses Berufes oder ganz allgemein voranzutreiben. Man handelt dann vielleicht in seiner Identität als politisch engagierter Supervisor oder Arzt usw., aber was man dabei tut, ist nicht supervisorisches oder ärztliches Handeln.

Man wird als Supervisor nicht beeindrucken, wenn man in seiner lege artis durchgeführten Supervision immer wieder politische Parolen zum besten gibt. Und gerade wenn man seine Professionalität direkt einsetzt und benutzt, um mit ihrer Hilfe politische Ziele zu verfolgen, wird man gut daran tun, sich dabei primär an seine Professionalität zu halten: Ein Hoch- und Tiefbauingenieur, der seine professionellen Kenntnisse einsetzt, um (mit diesen nicht zusammenhängende) politische Ziele durchzusetzen, indem er, sagen wir, einen unterirdischen Graben ins Gebäude der Militärdiktatur gräbt, um diese zu stürzen, wird sich dabei besser an seinen technischen Kenntnissen orientieren als an seinen politischen Zielen. Dies gerade deshalb, um sie nicht zu gefährden.

Sicher mag es im Extremfall, in dem sich Supervisoren selten befinden, angezeigt sein, die Situation expliziten professionellen Handelns zur direkten Durchsetzung eines politischen Zieles zu mißbrauchen. Z.B. mag ein Supervisor, der eine gute Supervisionsbeziehung zu einem Tyrannen aufgebaut hat, sich entschließen, eine Supervisionssitzung zu nutzen, um ihn zu erschießen, wenn es ihm gelingt. Aber handelt er diesbezüglich (sogar wenn er bis zum Abdrücken der Pistole technisch korrekt supervidiert hat) als Supervisor?

4. Ein weiteres Mißverständnis liegt darin, zu meinen, die Entscheidung für oder gegen die Arbeit mit bestimmten Klientensystemen habe etwas mit der politischen Dimension der Supervision zu tun. Das kommt einer Verniedlichung des politischen Sprengsatzes der Supervision gleich. Ob man Supervisionsaufträge aus der Rüstungsindustrie, von bestimmten Kirchen oder Sekten, von einer bestimmten politischen Partei annimmt oder ablehnt, hat mit einem politischem Verständnis von Supervision wenig zu tun. Weder kann man solche Entscheidungen aus der Professionalität der Supervision ableiten, noch werden sie auf diese (hoffentlich) einen Einfluß haben. Es sind Entscheidungen, die der Supervisor als verantwortlicher Staatsbürger mit einer bestimmten politischen Entscheidung trifft. (Auch die Supervision von politischen Institutionen hat nichts mit der politischen Dimension von Supervision zu tun.)

5. Ein weiteres Mißverständnis sei angeführt. Es kommt vor, daß Organisationen und Institutionen Supervision in Anspruch nehmen wollen zur Stabilisierung ins Wanken geratener organisationsinterner Verhältnisse. Supervision soll z.B. nach einem Skandal in

Krankenhäusern helfen, die Wellen zu glätten; sie soll durch ihre Konzentration auf allgemeine Probleme professioneller Interaktion ablenken von umfassenderen strukturellen Konflikten, zu deren Bearbeitung die Organisation nicht in der Lage oder willens ist. Auch in diesen Fällen kann eine verantwortungsvolle, korrekte Entscheidung des Supervisors (für oder gegen Supervision) nicht getroffen werden durch Bezugnahme auf eine vermeintliche politische Relevanz der Supervision. Es gehört schlicht zur professionellen Auftragsgestaltung, zu überprüfen, ob die in Frage stehende Aufgabe eine solche für Supervision oder für anderes professionelles oder nicht professionelles Handeln ist: Der Supervisor wird dann in einem Kontaktgespräch seine supervisorische Kompetenz (nicht sein politisches Engagement) einsetzen, um der anfragenden Stelle zu vermitteln, daß der Wunsch nach Supervision im vorliegenden Fall etwas anderes beinhaltet als durch Supervision geleistet werden kann. Er wird versuchen klarzustellen, ob ihm nicht der verdeckte Auftrag übertragen werden soll, eine der Führungskraft unangenehme Managementaufgabe stellvertretend zu übernehmen. Er wird differentialdiagnostisch klären, ob die vorgelegte Zielsetzung eher Gegenstand von Organisationsberatung ist, usw. Er kann sich dann im Bewußtsein seiner Professionalität und im Wissen, daß ihm dieses einen Auftrag gekostet (oder erspart) hat, höflich verabschieden und gehen.

6. Was bleibt über für die politische Dimension der Supervision? Worin liegt ihr politischer Sprengsatz? *Ich glaube, er liegt schlicht und einfach in ihr als Methode der Beratung bzw. beratungsorientierter Fortbildung und, in unserem Fall, der organisatorischen Selbstreflexion.* Es braucht nichts Zusätzliches. In der Supervision geht es nicht um Auflösung der Hierarchien, um Aufhebung von Abhängigkeiten, um Aufklärung und Emanzipation des Klienten, um Enttabuisierung der Organisation und dergleichen. Es geht um Selbstreflexion der Arbeit, die das alles auch bewirken und befördern kann, aber nicht zum Ziel hat.

Um aufzuzählen, worin im einzelnen ihr politischer Sprengsatz liegt, brauchen wir nur zusammenzufügen und etwas weiterzuführen, was wir bisher herausgearbeitet haben:

– Weil Supervision als methodische Selbstreflexion laufender Arbeit eine prozeßorientierte Aktivität darstellt, liegt sie, obwohl nachgefragt, immer noch quer zu den an Resultaten, d.h. an Output orientierten Normen unserer Arbeitswelt. Der Widerstand, den Supervision häufig damit auslöst, ist getragen von der Ahnung, daß sie einen Beitrag zur Auflösung tradierter, auf Effizienzsteigerung und Beschleunigung ausgerichteter Arbeitshaltungen darstellt. (Supervision verlangsamt Prozesse.)

Die Schwierigkeit, auf die man in diesem Zusammenhang stoßen kann, sei an einem Beispiel, das ich vor vielen Jahren erleiden durfte, illustriert. Ich sollte im Auftrag des Gesundheitsstadtrates Supervision in einem Krankenhaus einführen. Mit meinem auf Freiwilligkeit der Durchführung basierenden Konzept „Integrierte Teamsupervision im Krankenhaus" landete ich zu einem Gespräch bei der kollegialen Führung eines renommierten Krankenhauses (auch die Personalvertretung war eingeladen). Der ärztliche Direktor teilte mir mit, daß in seinem Haus nicht viel reflektiert, sondern zielorientiert gehandelt würde; für auftretende Schwierigkeiten sei durch Vorschriften, Dienstverpflichtungen, nötigenfalls disziplinäre Möglichkeiten und Maßnahmen vorgesorgt. Für Reflexion, geschweige denn Selbstreflexion (er vermittelte den Eindruck, von etwas Anstößigem, Schmutzigem zu reden) gebe es weder Bedarf noch Zeit. Der Rest betraf stilistische Mängel meines Konzeptes. Obwohl ich mich erstmalig wieder in meine Schulzeit versetzt fühlte, war mir klar, daß ich hier einer gängigen Arbeitshaltung in Reinkultur begegnet war. Mir kam Supervision (kurzfristig) als eine Methode der Revolution vor, bis ich mir vorstellte, wie es wohl (der Karriere) einer Führungskraft gehen würde, die, vor ihrem leeren Schreibtisch sitzend, vom Chef gefragt, was sie tue, antwortet: „Ich betreibe Selbstreflexion meiner Arbeit. Bitte nicht stören!"

– Als Selbstreflexion beruflicher Tätigkeit hebt Supervision die Trennung von Arbeit und Lernen in viel radikalerer Form auf, als es irgendeiner Vorstellung von kontinuierlicher Fortbildung möglich ist. Radikaler als z.B. die Idee der education permanente, für welche Lernen zu einem integrierten Teil des Lebens geworden ist, der sich auch auf die Arbeit auswirkt; radikaler als die Forderung nach laufender beruflicher Fortbildung, welche eine Antwort auf die Verkürzung der Halbwertszeit von Wissen darstellt, das für den jeweiligen Beruf relevant ist. In der beruflichen Selbstreflexion ist Lernen nicht nur zu einem Dauerzustand, sondern vielmehr zu einem integrierten *Teil der Arbeit* geworden. Supervision relativiert damit eine gängige Alternative, die etwa so lautet: „Entweder Sie beherrschen Ihren Job, oder Sie lernen ihn zuerst."

Das heißt natürlich nicht, daß Supervision solide berufliche Ausbildung ersetzt, es heißt, wie wir wissen, vielmehr, daß Arbeitssituationen an Komplexität dermaßen zunehmen, daß sie ohne solche Selbstreflexion oft nicht mehr fachgerecht bewältigt werden können.

– Insofern Supervision die Aufgabe hat, die Kompetenz organisatorischer Selbstreflexion zu vermitteln, kommt die Erfüllung ihres Arbeitsauftrages der Verschärfung des tiefen inneren Gegensatzes gleich, in dem sich die meisten Organisationen heute befinden und von dem in den voranstehenden Ausführungen immer wieder die Rede war (sie hilft allerdings auch, ihn zu verstehen, und damit angemessen zu managen). Das enthält im Detail mehr Sprengsatz, als man glaubt:

– Wir haben erwähnt, daß Reflexion immer ein Relativieren des reflektierten Sachverhalts, die Möglichkeit der Entdeckung von Alternativen bedeutet. Über diesen Weg stellt Supervision einen Beitrag dar zur Flexibilisierung von Strukturen, zur Entinstitutionalisierung organisatorischer Gegebenheiten. Dies allerdings nur dann, wenn sie professionell und aus einer Haltung wohlwollender Neutralität des Supervisors durchgeführt wird: Es leuchtet ein, daß dies immer nur entlang der zur Supervision vorgelegten Arbeitssituationen des Klienten(systems) möglich ist und der Erhöhung seiner Arbeitsfähigkeit dienen soll. Das wird nur sehr bedingt, oder gar nicht möglich sein, wenn der Supervisor z.B. die Flexibilisierung, Auflösung oder sonstige Entwicklung von Organisationen zum politischen Ziel hat, das er in der supervisorischen Arbeit durchsetzen will. Er wird seiner Aufgabe auch dann nicht gerecht werden, wenn er, anstatt professionelle Distanz zum Auftraggeber zu halten, etwa dessen Wunsch nach einer dysfunktionalen Stabilisierung von organisatorischen Strukturen entgegenkommt.

– Einen weiteren Punkt können wir in diesem Zusammenhang wiederholen: Entwicklung von Alternativen durch Selbstreflexion bringt die Entdeckung und das Verständnis von Widersprüchen mit sich. Supervision kann damit nicht anders, als an der Auflösung eines tief in uns und in den Organisationen verankerten Konflikttabus mitarbeiten. Sie fördert, ganz auf der Linie des bisher Gesagten, berufliches Denken und Handeln in Widersprüchen und Konflikten.

Sie trägt dazu bei, herkömmliche, unsere berufliche Arbeit (aber nicht nur diese) prägende Logiken außer Kraft zu setzen.

– Zu einer dieser Logiken gehört es, daß man sich mit seiner beruflichen Rolle hochgradig identifiziert. Das Gesagte erhellt, daß dieser Anforderung an Identifikation und Engagement (in Organisationen wird es zur Loyalität der Organisation gegenüber verschärft) durch Supervision eine Eigenheit beigefügt wird, die im Gegensatz dazu steht. Selbstreflexion bedeutet, wie gesagt, in Distanz treten, Relativieren von beruflichen Rollen. Das ist zwar heute nötig. Denn die Vielfalt beruflicher zueinander gegensätzlicher Rollen, die eine Person in sich vereinigen muß, ist nur mehr erträglich, wenn man sich mit ihnen allen nur *relativ* identifiziert, und das ist nur mehr über die Stärkung dieser Haltung zu bewältigen. Dennoch hat es unabsehbare Auswirkungen auf berufliche (und persönliche) Identitäten.

– Die zuletzt genannten Punkte legen nahe, daß es gilt, sich in der psychosozialen Arbeit von einer liebgewonnenen Vorstellung zu verabschieden: vom Glauben, es gäbe die eine Wahrheit, an der man sich orientieren kann, die wahre Theorie des beruflichen Gegenstandsbereiches und dementsprechend die wahren professionellen Techniken oder Fertigkeiten. Auch davon war die Rede. Und es bedarf keiner langen Ausführungen, um klar zu machen, daß hierin politischer und auch berufspolitischer Sprengsatz liegt. Man muß damit rechnen, daß berufliches (und sonstiges) Handeln (aufgrund dieser Ausgangslage) Folgen zeitigt, die nicht vorausberechenbar sind, auf die man daher nicht ausreichend vorbereitet ist, auf die man dennoch professionell reagieren können muß. Das verlangt neue, ungewöhnliche Haltungen, von denen im nächsten Kapitel die Rede ist.

– Um diese Liste mit einem gewissen Pathos zu beenden, sei darauf hingewiesen, daß es hier um die Verabschiedung des Mythos der Machbarkeit geht, an der Supervision (wenn professionell ausgeübt) mitarbeitet. Professionelles Handeln (sowohl in der Supervision, aber ebenso durch sie) geht in Richtung „Intervenieren". Es heißt einen Impuls setzen, genau sehen, was er bewirkt, und wieder angemessen darauf reagieren mit dem nächsten Impuls. Es heißt sich auf einen Prozeß einlassen, in dem „Steuern" bedeutet, dessen Eigendynamik zur Entfaltung zu bringen, Hindernisse wegzuräumen, nichts (oder nicht zuviel) hinzuzufügen von außen. Und vielleicht (um beim Pathos zu bleiben) sich freuen an dieser Arbeit, die manchen Müttern als fordernde Nichtarbeit im Umgang mit ihren Kindern vertraut ist.

7. All die hier genannten Momente, und es gibt ihrer sicher noch mehr, stehen in Widerspruch zu herkömmlichen Überzeugungen und Haltungen und sind von gesellschaftlicher Relevanz. Man kann ihre Vermittlung und Verstärkung als die politische Dimension der Supervision, als ihre politische Brisanz bezeichnen. Der Sprengsatz liegt in der supervisorischen Tätigkeit, ohne daß der Supervisor sie sich als ideologisches Ziel setzen muß und, wie ich meine, soll.

Am besten wird man dieser politischen Dimension gerecht, wenn man sie, anstatt von ihr gebannt zu sein, in der Arbeit aus den Augen verlieren, vergessen kann, nicht viel darüber reden muß und die Aufmerksamkeit auf Professionalität lenkt. Das supervisorische Handwerk selbst ist der Sprengsatz.

Wo gehört aber das Wissen um die politische Dimension der Supervision hin? Weder die supervisorische Tätigkeit noch ihre Selbstreflexion scheint der Ort zu sein, an dem es angemessen ist, der politischen Dimension dieses Berufes innezuwerden.

Selbstreflexion ist auch in sich ein diffenziertes Geschäft: Die politische Dimension der Supervision ist Gegenstand der Selbstreflexion ihres *Stellenwertes* in den gesellschaftlichen Subsystemen, in denen sie zum Einsatz gelangt. Sie gehört zu ihrem *Selbstverständnis* als eines Berufes neben anderen Berufen und in Differenz zu diesen. Als solche kann die politische Dimension der Supervision von Bedeutung für die Wahl des Berufes sein, wenn ihr auch in seiner Ausübung *direkt* keine Wirkung eignet.

Die Selbstreflexion und das Selbstverständnis der Supervision als politisch relevanter Tätigkeit behindert nicht ihre Selbstreflexion und ihr Selbstverständnis als professionelle Methode. Im Gegenteil, und darin liegt schließlich doch eine praktische Bedeutung dieses Selbstbewußtseins ihrer politischen Brisanz: Ein entsprechendes Selbstverständnis des gesellschaftlichen Stellenwertes, den Supervision in Organisationen wahrnimmt, kann von entlastender Wirkung für den Supervisor sein. Es kann ihm helfen, Schwierigkeiten und Probleme, denen er in Ausübung seines Berufes begegnet, besser zu ertragen – soweit es nicht um technische Probleme supervisorischen Handelns geht. Denn diese gehören nicht ertragen, sondern beseitigt, so gut es geht.

5. Supervision in Organisationen als Expertise des Nichtwissens

Ich will abschließend eine Besonderheit von Supervision in Organisation behandeln, die sich in der Konsequenz der bisherigen Ausführungen, in denen sie immer wieder kurz angeklungen ist, beinahe von selber versteht. Dennoch versteht sie sich gar nicht von selbst, weil sie unsere Vorstellung von dem, was Professionalität und Expertise sein soll, gegen den Strich bürstet.

Ich begegne dieser Besonderheit mit einiger Unsicherheit, weil sie auf Erfahrungen und Andeutungen von Erfahrungen in Supervisionsprozessen beruht, die einen wichtigen methodischen Aspekt berühren, sich aber ab einem bestimmten Punkt schwer formulieren lassen bzw. die Einladung enthalten, sie nicht zu formulieren.

5.1 Was macht die Aktualität einer Expertise des Nichtwissens als Methode der Supervision aus?

Man kann die Besonderheit, um die es hier gehen soll, als einen Aspekt der Frage nach der Methode supervisorischer Arbeit verstehen.

Nun ist nicht geklärt, was es bedeutet, wenn man von einer Methode der Supervision spricht. Ist damit eine schulgebundene Ausformung von Techniken der Intervention gemeint? Hat der psychoanalytisch ausgebildete Supervisor andere supervisorische Methoden zur Verfügung als der systemische Supervisor oder als der mit den Theorien und Techniken der Gestaltberatung vertraute usw.? Oder geht es in der Supervision überhaupt um schulübergreifende, integrative Konzepte, wenn es so etwas gibt? Das sind weitgehend offene Fragen, die uns hier aber nicht beschäftigen sollen.

Ein anderer Aspekt methodischen Vorgehens in der Supervision in Organisationen besteht in der Arbeit der Übersetzung von Phänomenen, die auf der psychischen bzw. Verhaltens- und Beziehungsebene manifest und wahrnehmbar sind, auf die Ebene organisatorischer Sachverhalte. Diese Übersetzungsarbeit stellt die zentrale Aufgabe und Herausforderung von Supervision in Organisationen dar. In ihrem Dienste stehen die vorangegangenen Ausführungen. Auch das soll uns jetzt nicht weiter beschäftigen.

Mir geht es um eine andere Dimension supervisorischer Arbeit in Organisationen, die all das widerspiegelt, was über die Entwicklungen in der Organisationslandschaft ausgeführt wurde, welche heute den Grund für die Nachfrage nach Supervision in Organisationen abgeben: die sukzessive und sich beschleunigende Auflösung traditioneller, stabiler organisatorischer Strukturen – ja mehr noch, die Auflösung traditioneller Denk- und Orientierungsmuster, die es uns bisher gestattet haben, organisatorische Abläufe zu gestalten, zu steuern und zu verstehen.

War es bisher möglich, Organisation im Großen und Ganzen wie eine Trivalmaschine zu konzipieren, so geht das nun nicht mehr. In der Vergangenheit konnte man sich an einer organisatorischen Wahrheit orientieren, die den Maßstab abgab für richtiges Verhalten und Handeln, für die Feststellung von Abweichungen und daher auch für deren Korrektur. Viele Prozesse konnten für längere Zeiträume in routinisierter Form und auf festgelegten Schienen ablaufen, man konnte daher das Hauptaugenmerk auf das Resultat der Arbeit lenken, das es zu erzielen galt – weniger auf den Prozeß, der dazu führen sollte. Dieser wurde immer nur punktuell bedeutsam, dann nämlich, wenn es galt, aufgetretene Störungen zu beheben. Denn zu diesem Zweck mußte man zuerst orten, an welcher Stelle des Prozesses sie lokalisiert waren.

Diese Entlastungen für die Arbeit in Organisationen, insbesondere für ihre Steuerung, schwinden, wie gesagt, dahin. Statt sich auf eine (ewige, unzweifelbar geltende) Wahrheit verlassen zu können, muß man genau hinsehen, um wahrzunehmen, was innerhalb der Organisation und ihrer Beziehung zu ihren relevanten Umwelten im Moment der Fall ist. Darauf muß man versuchen, situationsangemessen zu reagieren. Ob das gelungen ist, kann man immer erst feststellen, wenn man eine Reaktion auf das eigene Handeln erhalten hat; und man kann vorweg nie wissen, welche Reaktion man erhält. *Wahrnehmen tritt an die Stelle von Wahrheiten suchen.*

Man muß Abschied nehmen von der Vorstellung, daß es die eine richtige wahre Struktur, den wahren Ablauf, die wahre Entscheidung gibt. Vielmehr gilt es, *antwortfähige Interventionen zu setzen.*

Man muß daher auf Überraschungen gefaßt und in der Lage sein, angemessen auf sie zu reagieren. Auf Routinen ist in diesem Zusammenhang immer weniger Verlaß. Sie sind in immer kürzeren Abständen zu überprüfen. Anstatt sich an einer vorgegebenen Wahrheit orientieren zu können, gilt es, ganz bewußt mit der Kontingenz jeder organisatorischen Situation zu rechnen. Alles könnte auch anders sein. Ja, man wird immer häufiger diese Kontingenz systematisch herstellen müssen in der Vorwegnahme von Alternativen: Man spricht vom *Entwerfen alternativer Szenarien.*

Anstatt sich auf die eine feste Struktur zu verlassen, die es erlaubt, ausschließlich resultatorientiert zu arbeiten, gilt es, den Prozeß, der zu erwünschten Resultaten führen soll, mit großer Sorgfalt zu gestalten. Man muß damit rechnen, daß je nach unvorhergesehenem Verlauf des Prozesses Korrekturen nicht nur an diesem, sondern vielmehr noch am angezielten Resultat vorzunehmen sind. Und das immer wieder. *Prozeßkompetenz statt ausschließlicher Resultatorientierung.*

Man muß sich dauernd auf die ablaufenden Prozesse selbst beziehen, um in ihnen den nächsten Schritt sinnvoll tun zu können. Und man muß einkalkulieren, daß man selbst Teil dieses Prozesses ist. *Organisatorische Selbstreflexion* wird, wie gesagt, zur Bedingung für organisatorisches Handeln.

Konnte man in den nunmehr verlorengegangenen organisatorischen Verhältnissen seine Handlungsfähigkeit durch eine *Expertise des Wissens* erwerben und erhalten, so braucht man nun eine Expertise, die zu benennen sich alles sträubt, weil sie einen Widerspruch in sich darstellt: *Man braucht eine Expertise des Nichtwissens. Supervision in Organisationen wird zu einer hochentwickelten Expertise des Nichtwissens.*

5.2 Was ist Expertise des Nichtwissens?

Weit entfernt, daß es sich dabei schlicht um Nichtwissen im Sinne der Ignoranz oder Uninformiertheit handelt oder um die Möglichkeit, einfach aus dem Gefühl heraus „spontan" zu handeln, setzt sie den Erwerb allen nur möglichen Wissens voraus. Um komplexe organisatorische Verhältnisse steuern zu können, braucht man Kenntnisse über die verschiedenen Varianten organisatorischer Strukturen, ihre Widersprüche, über die Managementmethoden, die sich im Laufe der Zeit entwickelt haben, über die Eigendynamik verschiedener Umwelten der Organisation und ihre Einwirkungen auf diese, über die Interpenetranz von Organisation, Gruppe und Person, über die Dialektik des jeweiligen Produkts (oder der Dienstleistung) usw.

Man braucht also mehr Wissen als jemals zuvor. Allerdings muß dieses Wissen ausgestattet sein mit einem besonderen Wissen über sich selbst, mit dem Meta-Wissen, daß es sich nicht um Wahrheiten handelt, die man nur korrekt anwenden müßte, um sicher zu gehen, sondern daß es um Konstruktionen geht, deren Brauchbarkeit sich erst im Handeln herausstellt, Konstruktionen, die durch das Handeln immer wieder Korrekturen erfahren werden.

Gegenüber all dem verfügbaren Wissen, das man benötigt, braucht es dazu als eine der wichtigsten Fähigkeiten Offenheit (eine besondere Art von „Wissen", welches keines ist). Es braucht die Fähigkeit, sich überraschen zu lassen von Unvorhersehbarem, das uns nicht deshalb fremd ist, weil wir ihm noch nie begegnet sind, sondern das fremd bleibt, auch nachdem wir uns mit ihm vertraut gemacht haben: Es läßt sich nicht mit den in unserem Wissen bereitliegenden Modellen der Orientierung erfassen. Es braucht die trainierte Fähigkeit, sich auf Unbekanntes einzulassen, ohne es zu rasch in Vertrautes verwandeln zu müssen, die Fähigkeit, alles Wissen immer wieder über den Haufen zu werfen, um Neues zu entwickeln.

Was in zunehmendem Ausmaß für Mitarbeiter, Funktionsträger, für Entscheidungsgremien, einzelne Organisationseinheiten, Arbeitsteams in komplexen Organisationen gilt, gilt um so mehr für Supervision in Organisationen. Denn sie muß mit den Anforderungen, die komplexe Organisationen an sie stellen, kompetent umgehen können, ohne sie in ein Korsett des „Wissens" zu zwingen, das nicht angemessen ist. Sie muß also selbst über eine Expertise des Nichtwissens verfügen als Methode supervisorischen Handelns. Sie muß darüber hinaus Kompetenzen des Nichtwissens *vermitteln*. Sie muß Haltungen der Expertise des Nichtwissens ermöglichen.

5.3 Fünf Stufen der Expertise des Nichtwissens

Ich möchte in der Folge fünf mögliche Aspekte der Expertise des Nichtwissens in der Supervision in Organisationen unterscheiden, die miteinander zusammenhängen. Ich stelle sie als eine Aufeinanderfolge von verschiedenen Stufen vor, in denen eine immer fundiertere Expertise des Nichtwissens zum Tragen kommt und vermittelt wird.

1. *In der ersten Stufe der Expertise des Nichtwissens nutzt der Supervisor die Haltung des Nichtwissens als Methode, um handlungsrelevantes Wissen für den Klienten bzw. das Klientensystem zu generieren.* Diese Haltung ist dem *Einsatz von Supervision als Methode der Problemberatung* angemessen.

Nehmen wir an, ein Supervisand hat Schwierigkeiten in seiner selbstreflexiven professionellen Tätigkeit. Der Supervisor nimmt die Position des Nichtwissens ein, fragt nach, gibt Eindrücke wieder, formuliert aus dieser Position heraus Hypothesen. Er tut das alles mit dem Ziel, seinem Supervisanden zu neuem und mehr Wissen über die vorgelegte Situation zu verhelfen. Der Supervisand entwickelt mit Hilfe des Nichtwissens seines Supervisors brauchbares handlungsrelevantes Wissen, das er vorher nicht hatte (die Möglichkeit, eine differenzierte Diagnose der Situation vorzunehmen, passend erscheinende Interventionsstrategien usw.).

Diese Art der Expertise des Nichtwissens stellt eine methodische Haltung des Supervisors dar, die geeignet ist, das Wissen des Supervisanden hervorzubringen. Es ist die angenehmste, am wenigsten beunruhigende Form, in der Nichtwissen in der Supervision fruchtbar sein kann.

Sie bleibt eine Expertise des Supervisors, sie wird nicht zur Expertise des Supervisanden. Er kann auf eigene Faust versuchen, das, was er als Methode der Supervision erlebt, in seiner eigenen selbstreflexiven Arbeit anzuwenden: Nicht nur der Supervisor, auch der Supervisand kann (durch das Vorgehen des Supervisors) erfahren, wie brauchbar es ist, sich in beruflichen Situationen, in denen man Steuerungsaufgaben wahrzunehmen hat, nicht immer gleich auskennen zu müssen. Er mag erfahren, daß sich eine Situation in ihrer Eigendynamik um so eher entfalten kann (gerade wenn es gilt, sie zu steuern), je weniger rasch man sich aufgerufen fühlen muß, zu wissen, was los ist, und aufgrund dieses Wissens gleich in eine Richtung zu lenken. Hält man dies aus und versucht, aus der Position des Nichtwissens genau hinzusehen, dann fügt sich alles oft zu einem brauchbaren Bild zusammen, also zum Wissen, das erlaubt, gezielte weitere Steuerungsimpulse zu setzen.

Es handelt sich hier nicht um eine bloß didaktische Haltung des Supervisors, aus der heraus er etwa durch Sich-Unwissend-Stellen und durch entsprechende Suggestivfragen die „Wahrheit" über die supervidierte Arbeitssituation (die „Wahrheit", die er schon hat) den Supervisanden selbst entdecken lassen möchte. Es muß vielmehr eine echte Expertise des Nichtwissens des Supervisors sein: Zumindest er muß sich im klaren sein, daß ein durch sein Nichtwissen generiertes Wissen des Supervisanden nichts mit Wahrheit zu tun hat. Er muß wissen, daß er durch Einsatz dieser Expertise des Nichtwissens hilft, Konstruktionen zu finden, die es erlauben, neue Schritte durch eine unbekannt bleibende Landschaft gezielt zu tun. Er hilft, sich ein Bild zu machen von einer Situation, von der er weiß, daß sie nicht durch dieses Bild bestimmt werden kann, nicht in diesem Bild von ihr aufgeht, mit keinem der möglichen Bilder je zur Deckung kommt.

Aber zunächst ist es nicht nötig, diese Haltung dem Supervisanden zu vermitteln. Es gilt, mit ihr als Supervisor zu dem beschriebenen Zweck arbeiten zu können. Sie bleibt als Methode im Hintergrund der Supervision, präsent für den Supervisor. Je nachdem, wie und wie sehr diese Haltung des Supervisors in den Vordergrund tritt und auch Präsenz für den Supervisanden erhält, kann sich die Expertise des Nichtwissens schrittweise in der Supervision weiter entfalten.

2. Wie sieht der zweite Schritt in diese Richtung aus? Nehmen wir an, ein Supervisand legt nicht vorwiegend seine Probleme, sondern ebenso seine gelungene Arbeit zur supervisorischen Selbstreflexion vor. Nicht, daß er nicht gewußt hätte, was er tut, oder nicht wüßte, wie er es weiter tun soll; vielleicht hat seine berufliche Tätigkeit zu unerwarteten Ergebnissen geführt oder auch nicht: Er will durch Reflexion des Arbeitsprozesses, in dem er sich selbst befindet, besser und differenzierter sehen lernen, was gelaufen ist, was sein Anteil am Geschehen war, was er hätte anders machen können.

Supervision soll hier der Erweiterung von Handlungsmöglichkeiten des Supervisanden dienen. Ich habe schon erwähnt, daß die Nachfrage nach Supervision mit dieser Zielsetzung in Organisationen zunimmt. Es geht nicht um Ausbildung noch um Problemberatung. Es geht um Schärfung der Wahrnehmung, um die in der Selbstreflexion geförderte Fähigkeit, in alternativen Möglichkeiten zu denken und zu handeln.

Selbstreflexion der beruflichen Arbeit ist noch nicht das Lernziel des Supervisanden, sondern das Mittel zur Erreichung seines Ziels. Dieses liegt in der Erweiterung der Wahrnehmungs- und Handlungsmöglichkeiten durch das Sichtbarmachen von Alternativen.

Wiederum hilft der Supervisor, indem er die strategische Position des Nichtwissens einnimmt, dem Supervisanden, Wissen zu generieren. Aber diesmal geschieht dies nicht im Sinne einer Problemlösung, die es vorher nicht gegeben hätte. Sondern es geschieht mehr oder weniger ohne Not, bei vorhandener, gelungener Problemlösung oder zumindest ohne akuten Problemlösungsdruck. Es geht um Vermehrung von Wissen, indem einer vorhandenen Lösung andere Lösungsmöglichkeiten zur Seite gestellt werden oder indem einer brauchbaren Sicht einer Realität, die Gegenstand und Inhalt des supervisorischen Prozesses ist, andere gleichwertige Sichtweisen zur Seite gestellt werden.

Diese inhaltliche Vermehrung von Wissen kommt aber seiner Relativierung gleich und führt zu seiner Auflösung als inhaltlicher Gewißheit, als der einen Wahrheit (Giddens 1995, S. 52 ff.), der einen korrekten professionellen Handlung oder der einen richtigen Intervention. Denn wenn es tatsächlich um die Entwicklung von gleichwertigen Sichtweisen der Realität bzw. von Handlungsalternativen geht, dann hat für das professionelle Handeln des Supervisanden nicht mehr das wahre oder das richtige Wissen, aus dem sich die rechte Handlung oder Intervention ableiten ließe, Priorität.

Die Priorität wechselt von Fragen des richtigen Wissens vielmehr zu Fragen der Entscheidung zwischen den gewußten Möglichkeiten – einer Entscheidung, die sich nicht mehr auf übergeordnetes Wissen berufen kann (sonst ginge es nicht um gleichwertige Möglichkeiten, die zur Auswahl stehen).

In diesem Prozeß geschieht etwas Eigenartiges. Über eine Erweiterung seines „Wissens" entsteht im Supervisanden eine erste Expertise des Nichtwissens, die dadurch gekennzeichnet ist, daß sie vom Supervisanden noch nicht als solche erlebt wird oder erlebt werden muß. Er ist sich seiner entstehenden Expertise des Nichtwissens noch nicht bewußt. Sie ist noch nicht Gegenstand und Inhalt oder auch Ziel seiner Arbeit in der Supervision.

Der Supervisand bleibt zwar in dieser nebenher wachsenden Expertise des Nichtwissens gut abgesichert durch die verschiedenen entwickelten Alternativen, sozusagen durch gut gebaute Instrumente, um sich auf dem unbekannter werdenden Terrain zu bewegen. Aber er entwickelt unter der Hand eine Haltung, die durch Generierung von Wissen an der Auflösung von Wissen beteiligt ist. Er lernt, daß die unterschiedlichen Hypothesen, die verschiedenen möglichen Strategien jenseits einer Vorstellung von der richtigen Sicht der Dinge liegen. Er lernt, daß es in seinem beruflichen Handeln diese eine Wahrheit nicht gibt.

Er erfährt, daß dies gerade nicht zur Gleichgültigkeit führt (wenn man diesen Begriff, wie es leider üblich ist, nicht positiv versteht). Er lernt, daß es vielmehr die Fähigkeit fördert, sich intensiver auf die Realität einzulassen, die er steuern soll – genauer hinzusehen, dichter dranzubleiben. Nur so gelingt es, mehr Sichtweisen fundiert zu entwickeln.

Er lernt, sich auf unbekannte Situationen einzulassen, und er lernt – paradoxerweise durch das Wissen im Sinne von mehrfachen Hypothesen oder Strategien – ihnen ihre strukturelle Unbekanntheit zu lassen. Gerade die Vielfalt der Möglichkeiten zeigt an, daß es keine Möglichkeit gibt, der Situation ihre Unbekanntheit zu nehmen, sie ganz in Bekanntes aufzulösen. Der Supervisand lernt, aus dem Bekannten Unbekanntes zu entwickeln (Buchinger 1994c).

Durch die Vervielfältigung seiner Konzepte, Hypothesen und Strategien lernt er, mit ihnen als mit Konstruktionen zu spielen, und entwickelt eine Bereitschaft, sich aus dem Konzept bringen zu lassen.

So entsteht, ohne daß es Thema werden müßte, ein Zugang zu folgender Erfahrung: Wissen ist immer Reduktion von Komplexität, eine Reduktion, die nicht gut vermeidbar ist, weil sie uns erlaubt, planvoll (also nach Konzept) zu handeln. Wenn die Pläne und Konzepte Methode haben, wenn ihnen Theorien zugrunde liegen, so spricht man von Professionalität.

Nun handeln wir immer in Situationen, die komplexer sind als unsere Konzepte, und die deshalb – je nach Sichtweise – entweder unserem Handeln Grenzen setzen oder umgekehrt die Grenzen (die konzeptiven Grenzen) unseres Handelns auflösen und aus den Intentionen und Impulsen, aus denen unser Handeln entsteht, etwas werden lassen, das nicht geplant war.

Expertise des Nichtwissens heißt hier nicht nur, aus der strategischen Position des Nichtwissens (des Supervisors) Wissen (des Supervisanden) zu entwickeln. *Expertise des Nichtwissens in diesem zweiten Sinn heißt, aus der strategischen Position des Nichtwissens (des Supervisors) das Wissen (des Supervisanden) durch seine Vermehrung einer Auflösung zuzuführen und damit dem Supervisanden eine erste Expertise des Nichtwissens zu eröffnen.*

Diese erste Expertise des Nichtwissens des Supervisanden entsteht nebenher, bahnt sich in der Relativierung vorhandenen „Wissens" an, während die Arbeit an der Generierung neuen, zusätzlichen, vermehrten Wissens, vermehrter Handlungsspielräume im Sinne der gleichwertigen Alternativen im Vordergrund steht. Die Tätigkeit der Selbstreflexion (genannt Supervision), in der die Dialektik von Wissen und Nichtwissen als Prozeß gemeinsamer Arbeit hervortritt, läuft ab, ist aber ebensowenig Gegenstand und Inhalt der Supervision wie diese Dialektik von Wissen und Nichtwissen.

3. Man kann sich schon denken, worin ein nächster Schritt besteht, mit dem Supervision als Expertise des Nichtwissens auftritt: Das, was im soeben beschriebenen Vorgehen (der Relativierung von Wissen durch seine Vermehrung) nebenher mitgeliefert wird und durchscheint, wird nun in den Vordergrund des supervisorischen Prozesses gestellt, wird zum expliziten Inhalt und Lerngegenstand.

Der Supervisand hat nicht nur mehrere Hypothesen, mehrere Strategien entwickeln gelernt, ohne sich auf die Suche nach der Wahrheit zu machen, von der er weiß, daß es sie nicht gibt. Er „weiß", daß die Bilder, die er sich macht, Konstruktionen sind, daß die Landkarten der Theorie und der Interventionsstrategien nicht die Landschaft darstellen; daß sie zwar helfen, sich zu orientieren, aber es ihm nicht ersparen, die unbekannt bleibende Landschaft ungeschützt, wenn auch mit Orientierungshilfe zu betreten und sich darin live noch einmal zu orientieren. Das tut er nun: Er spielt mit den einzelnen Schritten (also mit den hypothesengeleiteten Handlungsstrategien), achtet darauf, wie der Boden reagiert, setzt dementsprechend seine nächsten Schritte und entfaltet ein Bewußtsein von der Dynamik dieses Prozesses. *Mit anderen Worten, der Supervisand entfaltet seine Expertise des Nichtwissens als Prozeßkompetenz oder besser, er entwickelt diese in der Supervision.*

Prozeßkompetenz als entfaltete Expertise des Nichtwissens bedeutet das bewußte Umgehen mit der Dialektik von Wissen und Nichtwissen. Es geht darum, die Dialektik von Wissen als Konstruktion einerseits und Nichtwissen oder Nichtwissbarkeit andererseits, bewußt zu machen.

Das ist mehr als nur die Förderung der Fähigkeit, immer wieder jenseits der Hypothesen und Konstruktionen genau hinzusehen, um neue Hypothesen zu bilden, usw. Der Supervisionsprozeß soll helfen, an die Grenzen der wissens- = hypothesengeleiteten Handlung zu gelangen, die Auflösung des Wissens zu beobachten und Wissen wiederherzustellen, usw. Man sieht, wie das Wissen (im Sinne der Hypothesen, Konstrukte, Landkarten), das hilft, den nächsten Schritt professioneller Praxis zu tun, in diesem nichttrivialen Prozeß zu etwas führen kann, für das dieses erste Wissen nicht mehr gilt. Man entwickelt daraufhin neues Wissen, welches dasselbe Schicksal erleidet. Und man ist in der Lage, dabei nicht zu verzweifeln, weil man seine Schritte immer wieder aus einem Bewußtsein des ganzen Prozesses und seiner Dynamik setzt.

Es geht also nicht mehr vorwiegend um die Auflösung von Wissen zum Zwecke der Hervorbringung von neuem Wissen. Der Fokus liegt dabei nicht mehr primär auf einer geeigneten, den Prozeß weitertreibenden Intervention oder Interventionsstrategie. Es geht auch nicht mehr nur um die Entwicklung von alternativen Sichtweisen und Handlungsmöglichkeiten. Beides geschieht zwar in diesem Prozeß und aus seinem Verständnis heraus immer wieder, geht also nicht verloren und verlangt die in den vorigen Aspekten der Entfaltung einer Expertise des Nichtwissens nötige Kompetenz weiterhin.

Es geht darüber hinaus um das Bewußtsein gerade dieses Prozesses und seiner Dialektik. Das hat einen Einfluß auf das von dieser Expertise getragene professionelle Handeln. Es geht also um die Fähigkeit, Prozesse aus einem fundierten Wissen ihrer Prozeßhaftigkeit zu steuern, einem fundierten Wissen, das einem Nichtwissen um die einzelnen Schritte dieser Prozesse gleichkommt. Es geht um die Nichtwissbarkeit der Folgen einer auf diesem Wissen basierenden Intervention.

Philosophisch formuliert handelt es sich um das Erfassen der Dialektik von Bestimmtheit der Realität und der in diese Bestimmtheit (selbst eine Konstruktion dessen, der sie hervorgebracht hat) eingebauten weiteren, unabschließbaren Bestimmbarkeit. Das Ganze als Prozeß des Bestimmens verstanden: als unabschließbare Tätigkeit, in der alle, die sie steuern, enthalten sind. Das klingt theoretischer, praxisferner, als es ist.

Dieser dritte Aspekt einer entfalteten Expertise des Nichtwissens wird aus schon genannten Gründen vor allem für die Supervision in Organisationen immer wichtiger. Der Fokus auf die Prozeßebene in einem nichttrivialen Prozeß entspricht der wachsenden Komplexität unserer Organisationslandschaft. Sie läßt uns den Widerspruch erleben, der charakteristisch ist für komplexe Situationen: Je mehr Wissen (im Sinne der Wahrheit) wir bräuchten, um gezielt und planvoll in eine Richtung steuern zu können, desto weniger können wir davon haben oder hervorbringen. (Man denke an strategische Planung in einer Umwelt, die uns für längerfristige Prozesse immer kürzere Planungshorizonte beschert. Man denke an die Diskussion um die Unsteuerbarkeit nicht nur der Gesellschaft, sondern auch ihrer Subsysteme und ihrer Organisationen.)

Diese Situation verlangt von Experten und Führungskräften auf immer mehr Ebenen die Fähigkeit, ihre Arbeitssituation als einen nicht berechenbaren Selbstorganisationsprozeß zu verstehen, der von ihnen die Fertigkeit fordert, Steuerungsimpulse zu setzen, die über Selbstreflexion der beruflichen Arbeit laufen; es sind Steuerungsimpulse, in denen sie die Dialektik von Nichtwissen und Wissen bewußt verwalten. Hierzu genügt es nicht, bloß in alternativen Möglichkeiten zu denken. Man muß mit dem formalen Wissen um die Dynamik komplexer Prozesse der Selbstorganisation das inhaltliche Nichtwissen um die Schritte dieser Prozesse verbinden. Steuern wird ein hoch selbstreflexiver Prozeß, Supervision wird als Methode des Erwerbs der entsprechenden Kompetenz nachgefragt.

Was diesen Aspekt der Supervision betrifft, *so teilt der Supervisor eine entwickelte Expertise des Nichtwissens mit dem Supervisanden.* Er nimmt nicht mehr nur die strategische Position des Nichtwissens ein, sein Verständnis des Supervisionsprozesses deckt sich mit dem des supervidierten Prozesses: Er tut das, was er vermittelt – einen komplexen Prozeß steuern aus einer entfalteten Expertise des Nichtwissens.

Wurde im vorigen Schritt beim Supervisanden die Bereitschaft erzeugt, sich, wie ich es genannt habe, aus dem Konzept bringen zu lassen, so bedeutet Supervision hier die Entwicklung der *professionellen Fertigkeit, sich aus dem Konzept bringen zu lassen.* Und genau das ist es, was auch der Supervisand in diesem Prozeß für seine Arbeit lernt.

4. Auf der dritten Stufe der Expertise des Nichtwissens spielt wieder etwas nebenher, das wert ist, gesonderte Aufmerksamkeit zu erhalten. Erhält es diese, so zeigt es sich als ein eigenständiges Moment, das ich als vierte Stufe der Expertise des Nichtwissens bezeichnen will. Gemeint ist das *Bewußtsein der Selbstorganisation* des vorhin beschriebenen Prozesses. Wird der Fokus in der Supervision darauf gerichtet, so entstehen wiederum eigenständige Methoden und Interventionsmöglichkeiten, die als sehr wirksam gelten.

Es läßt sich nicht leicht benennen, was die praxisrelevante Seite des Bewußtseins der Selbstorganisation sein soll. Am ehesten bietet sich an, vom Vertrauen in das Gelingen der Selbstorganisation zu sprechen. Doch wahrscheinlich ist Vertrauen seiner psychologischen Konnotation wegen nicht der geeignete Begriff. Denn Vertrauen kann man haben oder nicht, je nachdem, ob einem Sachverhalte als vertrauenswürdig erscheinen oder nicht. Innerhalb der hier gemeinten Haltung hat aber eine Alternative dieser Art keinen Sinn. Vielleicht kann man das, worum es geht, einfach als *praxisleitende, formale Gewißheit bezeichnen, daß es sich bei den angesprochenen Prozessen um Selbstorganisationsprozesse handelt.* Es erübrigt sich dann vielleicht, von ihrem Gelingen oder Nichtgelingen zu sprechen. Wenn sie stattfinden, finden sie statt. Die Alternative wäre, daß sie nicht stattfinden.

Es ist also möglich, dieses Bewußtsein in der Supervision nicht nur als conditio sine qua non zugrunde zu legen, sondern zur ausdrücklichen „Methode" der Arbeit zu machen. Auf der Ebene der supervisorischen Haltung äußert sich dieses Bewußtsein jedenfalls als die genannte formale Gewißheit, daß Selbstorganisation stattfindet, der man beiwohnen darf. Als Intervention äußert sich diese Gewißheit z. B. als Überzeugung des Supervisors von der „Fähigkeit" des Klienten(systems) zu weiterer Selbstorganisation – etwa in Form der schlichten Feststellung, daß es der Klient weiterhin schaffen wird, seine Aufgaben zu bewältigen.

So berichten manche Supervisoren, diese Gewißheit habe nicht nur in Form von Interventionen Wirkung, die *neben* der Generation von Wissen durch supervisorisches Nichtwissen (1) oder *neben* der Auflösung von Wissen durch seine Vermehrung (2) bzw. *neben* der entfalteten Dialektik des Nichtwissens als Prozeßkompetenz (3) auch ihren Platz haben. Sondern sie habe ihre Wirkung in Form von Interventionen, die es mitunter erlauben sollen, alles andere als sekundär zu betrachten, wenn nicht überhaupt darauf in der Supervision zu verzichten. Die technische Differenziertheit der Intervention, die genaue Bezugnahme auf relevante Details des Prozesses, der supervidiert wird, ebenso wie die (implizit oder explizit) mitlaufende Reflexion des Prozesses der Supervision treten in ihrer Bedeutung zurück gegenüber dem wahrnehmbaren Sachverhalt, daß die Interventionen die genannte Haltung der formalen Gewißheit zum Inhalt haben. Die Interventionen wirken allerdings etwas schlicht und werden dem Supervisor – als so etwas wie Ermüdungserscheinungen – dann nachgesehen, wenn man ihm glaubt, daß er auch anders, differenzierter handeln kann.

In der jüngsten Zeit haben sich vor allem von der Systemtheorie beeinflußte Richtungen der Beratung und Therapie der methodisch-praktischen Bedeutung dieses Bewußtseins der Selbstorganisation angenommen. Sie sprechen in diesem Zusammenhang von ressourcenorientiertem Vorgehen und entwickeln lösungsorientierte Techniken. Möglicherweise ist dieser Zugang, weil er so pragmatisch ist, nicht pragmatisch genug. Denn mehr, als daß es bei der Entwicklung eines praktischen Verständnisses von Selbstorganisation und Selbststeuerung um die Ausdifferenzierung von lösungsorientierten Techniken geht, scheint es um die Ermöglichung einer fundamentalen professionellen Haltung zu gehen. Es ist diese Haltung, die uns Interventionsmöglichkeiten von eigener Qualität eröffnet, welchen man Unrecht tut, wenn man sie Techniken nennt und fein säuberlich kategorisiert (es sei denn, man tut dies mehr als Spiel, aus Lust an der Vielfalt möglicher Phänomene).

Mit der Hervorhebung dieses vierten Aspekts wird es, wie gesagt, schwerer, die Überlegungen zur Supervision als Expertise des Nichtwissens zu formulieren. Denn bei unserem Versuch, der Entwicklung dieser professionellen Haltung zu folgen, scheint sich plötzlich eine einfache menschliche Haltung des Akzeptierens, des

Vertrauens, der Toleranz für unvorhersehbare Vielfalt und für Unfertiges in den Vordergrund zu schieben. Sie ist gepaart mit einer Fähigkeit, die dadurch gefördert wird: Phantasie für die Entwicklung von Wirklichkeiten im Wissen um deren flüchtigen Bestand. Diese Haltung tritt an die Stelle einer hochdifferenzierten, methodisch geleiteten Selbstreflexion. Selbstreflexion beruflicher Tätigkeit verwandelt sich in das praxisleitende Bewußtsein, daß das, was man tut, möglich ist und zu Möglichkeiten führt. Was ja ziemlich platt klingt, vielleicht platter, als es ist.

Immerhin wäre es eigenartig, wenn die Weiterentwicklung oder Entfaltung einer anspruchsvollen professionellen Haltung zu allgemein menschlichen Haltungen führt, die der Professionalisierung nicht bedürfen oder sich widersetzen. Man bräuchte nicht unbedingt etwas dagegen zu haben, denn es handelt sich um Haltungen, die ohnehin im Alltag nicht so gut abgesichert sind. Vielleicht gelingt es eher, sie abzusichern, wenn sie im Rahmen von beruflicher Tätigkeit als professionelles und nicht „menschliches" Erfordernis auftreten. Hat das noch etwas mit Supervision in Organisationen zu tun? Doch, auch.

Erwähnt sei noch, daß in dieser Stufe, anders als in der vorangangenen, der Supervisor die hier angesprochene Expertise des Nichtwissens nicht notwendigerweise teilt mit dem Supervisanden. Das Handeln des Supervisors ist davon geleitet und deshalb wirksam. Der Supervisand kann sie sich aneignen, aber das ist hier nicht Voraussetzung erfolgreicher Supervision.

5. Was ist die fünfte Stufe der Expertise des Nichtwissens in der Supervision? Ist es möglich, auf der vierten Stufe aufzusetzen: Ist in dieser Stufe wieder etwas vorhanden, das sie fundiert, in ihr aber als Inhalt nur nebenher spielt, und das, eigens hervorgehoben, zu einer vertieften Expertise des Nichtwissens führt?

Es gibt schon etwas, das sich hervorheben und zum Inhalt insofern machen läßt, als es möglich ist, es ins Zentrum der Aufmerksamkeit zu stellen. Aber erstens ist fraglich, ob man in bezug darauf noch von „Inhalt" sprechen kann, und zweitens ist fraglich, ob es sich dabei um Supervision handelt.

In der vorigen Stufe der Expertise des Nichtwissens ist das Bewußtsein, daß sowohl die supervidierten Prozesse als auch der Prozeß der Supervision Selbstorganisationsprozesse sind, zur Methode der Supervision erhoben worden. An die in der Supervision vorgelegten Prozesse ist der Supervisor mit dem Bewußtsein herangegangen, daß sie Selbstorganisationsprozesse darstellen, und dieses Bewußtsein ist in Form der Gewißheit der Fortsetzbarkeit der Prozesse zum Inhalt seiner Interventionen geworden. Nun wäre es noch einmal möglich, das, was dort Methode war, hier zum Inhalt werden zu lassen, ohne anderen Inhalt: Das wäre sozusagen die Aufmerksamkeit auf die reine Form der Selbstorganisation, den leeren selbstbezüglichen Prozeß, in der Supervision miteinander geteilt. Weil der Inhalt des Prozesses in den Hintergrund tritt, würde die Ähnlichkeit zwischen Supervision und supervidiertem Prozeß zur Identität verdichtet. Keine professionelle Haltung mehr, auch keine des Alltags. Zum Erfassen von Selbstorganisation, sozusagen das Eingeständnis der Unfaßbarkeit ihrer Komplexität. Aber vielleicht wäre das auch die Freiheit, sich unbefangen in ihr zu bewegen, ob als Supervisor oder nicht, das spielte dann wahrscheinlich keine Rolle.

Vielleicht ist es auch eine Erfahrung nicht dessen, *was* man erfährt in der Expertise des Nichtwissens (das war Inhalt der anderen vier Aspekte der Expertise des Nichtwissens), sondern eine *Erfahrung dieses Erfahrens* selbst, ist es dieses Erfahren, selbst zum Gegenstand und Inhalt der Aufmerksamkeit erhoben.

Auch wenn es so aussieht, als würde man in selbstreflexiven nichttrivialen Prozessen bei einiger Konsequenz in der beschriebenen Situation landen, so ist nicht anzunehmen, daß die Supervision in ihr als einem Inhalt der Supervision verweilt..Die hier als fünfte beschriebene Stufe einer supervisorischen Expertise des Nichtwissens wird in manchen Momenten der Supervision als gemeinsames Erleben auftauchen und die Weiterarbeit fördern, wird aber meist latent bleiben. Es ist möglich, sie als Fundament supervisorischer Arbeit in dem zu erleben, was auf diesem Fundament entsteht.

Warum beschränke ich das über die Expertise des Nichtwissens Gesagte auf die Supervision, bzw. was ist das Besondere der Supervision dabei, wenn die Expertise des Nichtwissens auch in den supervidierten Berufen und beruflichen Situationen eine Rolle spielt? Der Unterschied läßt sich folgendermaßen fassen: In den supervidierten Situationen spielt Selbstreflexion der Tätigkeit, die zur genannten Expertise des Nichtwissens führt, eine Rolle als wichtige Bedingung der Tätigkeit, die immer noch Lösungen bringen soll. In der Supervision ist Selbstreflexion nicht nur Bedingung der beruflichen Tätigkeit, sondern auch ihr Inhalt, der im genannten Sinn zu Auflösungen führt.

Literatur

Anders, G. (1986): Die Antiquiertheit des Menschen. München (Beck).

Attems, R. (1989): Spitzenleistungen in die Praxis umsetzen. Wien (Überreiter)

Belardi, N. (1994): Supervision – von der Praxisberatung zur Organisationsentwicklung.

Brandau, H. u. W. Schüers (1995): Spiel- und Übungsbuch zur Supervision. Salzburg (O. Müller).

Brandau, H. (Hrsg.) (1991): Supervision aus systemischer Sicht. Salzburg (O. Müller).

Buchinger, K. (1980): Die Hierarchie als Bedingung pathologischer Kommunikation. *Gruppendynamik* 11, 344–364.

Buchinger, K. (1984): Die psychosoziale Institution aus der Sicht des Team-Supervisors. *Gruppendynamik* 15, 299–312.

Buchinger, K. (1988): Widersprüche in Organisationen. *Zeitschrift für systemische Therapie* 6, 255–266.

Buchinger, K. (1991a): Organisationsbewußtsein – Eine neue Anforderung an Manager. In: S. Meryn (Hrsg.): Strategien für ein persönliches Gesundheitsmanagement. München (Quintessenz), S. 172–188.

Buchinger, K. (1991b): Organisationsbewußtsein und innerbetriebliche Selbstreflexion oder: Organisationen müssen radikale strukturelle Veränderungen bewältigen. *Gruppendynamik* 22, 391–414.

Buchinger, K. (1991c): Der paranoide Firmenchef. Organisationsberatung, gruppendynamisch oder systemisch. *Gruppendynamik* 21, 61–68.

Buchinger, K. (1992a): Ist Teamsupervision Organisationsberatung? Zur Professionalisierung von Selbstreflexion. In: R. Wimmer (Hrsg.): Organisationsberatung. Wiesbaden (Gabler), S. 151–169.

Buchinger, K. (1992b): Das Erstinterview an der Klinik für Tiefenpsychologie. *Psychologie in der Medizin* 3, 4–5.

Buchinger, K. (1993): Zur Organisation psychoanalytischer Institutionen. *Psyche* 47, 31–70.

Buchinger, K. (1994a): Warum die Psychotherapie kein Renner wird. Systemzwänge in der Medizin. *Gynäkologische Rundschau* 34, 236–244.

Buchinger, K. (1994b): Konfliktmanagement heute. Ichstärke genügt nicht. *Hernsteiner* 7, 11–15.

Buchinger, K. (1994c): Aus dem Bekannten das Unbekannte entwikkeln. In memorian Hans Strotzka (unveröffentl. Manuskript).

Buchinger, K. (1995): Wissenschaftstheoretische Grundlagen der Psychotherapie. In: O. Frischerschlager et al. (Hrsg.): Lehrbuch der psychosozialen Medizin. Wien/New York (Springer).

Buchinger, K. (1996): Die Differenzierung des „institutionellen Faktors" in der Organisationssupervision. *Supervision* 29, S. 40–51.

Claessens, D. (1980): Das Konkrete und das Abstrakte. Soziologische Skizzen zur Anthropologie. Frankfurt/New York (Campus).

Elias, N. (1983): Engagement und Distanzierung. Frankfurt (Suhrkamp).

Elias, N. (1987): Die Gesellschaft der Individuen. Frankfurt (Suhrkamp).

Fatzer, G. (1993): Organisationsarten für die Zukunft. Köln (Edition Humanistische Psychologie).

Fatzer, G. u. C. Eck (Hrsg.) (1990): Supervision und Beratung. Teil II. Köln (Edition Humanistische Psychologie).

Foerster, H. v. (1985): Sicht und Einsicht. Versuche zu einer operativen Erkenntnistheorie. Braunschweig/Wiesbaden (Vieweg).

Giddens, A. (1995): Konsequenzen der Moderne. Frankfurt (Suhrkamp).

Grossmann, R., E. Krainz u. M. Oswald (1995): Veränderungen in Organisationen. Wiesbaden (Gabler).

Hammer, M. u. J. Chompy (1995): Business-Reengeneering (3. Aufl.). Frankfurt/New York (Campus).

Heintel, P. (1988): Menschenbild und Arbeitsorganisation. In: P. Meyer-Dohm, E. Tuchtfeldt, E. Wesner (Hrsg.): Mensch im Unternehmen. Festschrift für K. H. Briam zum 65. Geburtstag. Sonderdruck. Bern/Stuttgart (Haupt), S. 141–167.

Heintel, P. u. E. Krainz (1994): Was bedeutet Systemabwehr? In: K. Götz (Hrsg.): Theoretische Zumutungen. Heidelberg (Carl-Auer-Systeme).

Heintel, P. u. E. Krainz (1988): Projektmanagement. Wiesbaden (Gabler).

Lindner, T. (1974): Primäre und sekundäre Kommunikation in der gruppendynamischen Praxis. *Gruppendynamik* 4, 259 ff.

Luhmann, N. (1981): Soziologische Aufklärung, Bd. 3. Opladen (Westdeutscher Verlag).

Luhmann, N. (1984): Soziale Systeme. Opladen (Westdeutscher Verlag).

Luhmann, N. (1986): Ökologische Kommunikation. Opladen (Westdeutscher Verlag).

Petzold, H. (1995): Mehrperspektivität. Ein Metakonzept für Modellpluralität, konnektivierende Theorienbildung und sozial interventives Handeln in der integrativen Supervision. In: H. Petzold u. G. Thomas (Hrsg.): Integrative Suchttherapie und Supervision. Sonderausgabe *Gestalt und Integration* 1, 225–297.

Pietschmann, H. (1980): Das Ende des naturwissenschaftlichen Zeitalters. Wien/München (Zsolnay).

Pühl, H. (Hrsg.) (1994): Handbuch der Supervision 2. Berlin (Marhold).

Pühl, H. u. W. Schmidbauer (Hrsg.) (1991): Supervision und Psychoanalyse. Frankfurt a. M. (Fischer Taschenbuch).

Reiter, L., E.J. Brunner u. S. Reiter-Theil (Hrsg.)(1989): Von der Familientherapie zur systemischen Perspektive. Berlin/Heidelberg u.a. (Springer), S. 159–171.

Schülein, A. (1987): Theorie der Institution. Opladen (Westdeutscher Verlag).

Schumacher, B. (1995): Die Balance der Unterscheidung. Zur Form systemischer Beratung und Supervision. Heidelberg (Carl-Auer-Systeme).

Schwarz, G. (1987): Die heilige Ordnung der Männer (2. Aufl.). Opladen (Westdeutscher Verlag).

Schwarz, G. (1995): Konfliktmanagement (2. Aufl.). Wiesbaden (Gabler).

Senge, P. (1996): Die 5. Disziplin. Stuttgart (Klett-Cotta).

Weigand, W. (1989): Des Supervisors Gang in die Organisation. *Supervision* 7, 1–8 bzw. 29 (Mai 1996).

Weigand, W. (1994): Teamsupervision – Ein Grenzgang zwischen Supervision und Organisationsberatung. In: H. Pühl (Hrsg.): Handbuch der Supervision 2. Berlin (Marhold).

Westerlund, G. u. S.E. Sjöstrand (1981): Organisationsmythen. Stuttgart (Klett-Cotta).

Willke, H. (1989): Systemtheorie entwickelter Gesellschaften. Weinheim/New York (Juventa).

Willke, H. (1993): Systemtheorie I. (UTB).

Willke, H. (1994): Systemtheorie II. (UTB).

Wimmer, R.(1989): Ist Führen erlernbar? *Gruppendynamik* 20, 13–41.

Wimmer, R. (1991): Zwischen Differenzierung und Integration. Zur charakteristischen Dynamik von Organisationen mit steigender Eigenkomplexität. *Gruppendynamik* 22, 359–389.

Wimmer, R. (1992): Organisationsberatung. Wiesbaden (Gabler).